実　　録

太平洋戦争下の
朝鮮鉄道機関区

「内鮮融和は国是である ―日本と朝鮮―」
歴史に学ぶ

元 朝鮮馬山(まさん)・清凉里(せいりょうり) 鉄道機関区長
小山　助市　著

小山　正志　編

小山　秋子　挿し絵

今日、日韓や日朝の間は非常に厳しいものがある。それでは太平洋戦争時代、日本人と朝鮮人はどのようにして一緒になって働いていたのか、その歴史を示したのがこの本である。実際に朝鮮人と共に働き現場のトップであった著者の歴史的証言を、今ここに日本の国のために記録して残しておきたい。

　　父によれば「内鮮融和(ないせんゆうわ)」が国是(こくぜ)であった。
　　　　歴史に学ぶ。

　　　　　　　　　　　　　　　　　　　　　小山正志

歴史に学ぶ

① **朝鮮人子弟の寮を優先**
　購入した朝鮮人別荘をオンボロになっていた
　日本人子弟の寮にするならともかく、
　朝鮮人子弟を入れる寮にしてしまった。
　これには、朝鮮人も驚いた。

② **終戦早い手回し**
　終戦直後、直ちに機関車の動かし方を教え、
　修理方法の教本を贈った。
　暴動は起きなかった。

③ **帰国**
　内地人全員の送別会を機関区で朝鮮人全員で、
　してくれた。
　首席助役と2人でいちばん最後に帰国した。

機関車は生き物である。

馬山機関区長に赴任した翌日機関車の
火室（石炭を焚く室）の検査のため入った。
煙管（火室の煙を煙突へ導きこの熱で胴の
水を蒸気に変える）を見た。

ほとんど煙管は灰でつまっていた。
焔の流れを調節する耐火煉瓦が1枚もなかった。
機関車が哀れで涙が止まらなかった。

特急修理

馬山から釜山まで機関車に大型炭水車を
つけ機関車のみで走らせた（単機運転という）
補修材料をなるべく多く積載し、運ばせた。

目　　次

はじめに　　　小山助市　長男　小山正志　編
　この本ができるまで　……………………………　10
　父のこと　…………………………………………　11
　父母や私達が住んだ朝鮮の住居　………………　14
　機関区設置場所　…………………………………　14

小学校上級生の頃の朝鮮と引き揚げ
　馬山の時代　………………………………………　15
　清涼里機関区長へ転勤　…………………………　21
　清涼里の時代　……………………………………　22
　清涼里から日本へ帰国の途へ　…………………　24
　引揚船　興安丸　…………………………………　26
　歴史に学ぶ・温故知新　…………………………　27
　2018年12月改正入管難民法　……………………　27
　これからの時代　…………………………………　28
　参考文献　…………………………………………　29
　小山正志　主な経歴　……………………………　30
　朝鮮鉄道略図　……………………………………　31

元馬山・清凉里機関区長　小山助市　著
実録　朝鮮鉄道機関区
第1章　真金道
　（1）　幼少年期　………………………………　34
　（2）　小学校入学　……………………………　38
　（3）　集落の行事　……………………………　40
　（4）　私のノルマ　……………………………　46
　（5）　夏中休暇　………………………………　50
　（6）　五銭は欲しくなかった　………………　51
　（7）　いじめ　…………………………………　53
　（8）　人命救助　………………………………　54
　（9）　負傷　……………………………………　57
　（10）　高等科生となる　………………………　57

第2章　京城鉄道学校運転科（技術系）入学
　（1）　別離の苦　………………………………　68
　（2）　叔父　……………………………………　69
　（3）　入学試験　………………………………　70
　（4）　入学　……………………………………　70

第3章　朝鮮総督府鉄道局就職
　（1）　龍山機関区勤務　………………………　78
　（2）　入営　……………………………………　78
　（3）　検閲　……………………………………　83
　（4）　馬の合わない中隊長代理　……………　86
　（5）　結婚　……………………………………　94

（6）　東京鉄道局教習所専門部機械科を目指す … 97
（7）　平壌機関区へ転勤 ……………………… 100
（8）　平壌鉄道事務所へ転勤 ………………… 102
（9）　本局運転課へ転勤 ……………………… 108
　　①　帝国議会予算案を初めて作成 …… 109
　　②　運転課長審査 ……………………… 111
（10）　釜山機関区へ転勤 …………………… 117
（11）　釜山地方交通局へ転勤 ……………… 119
（12）　馬山機関区へ転勤 …………………… 120
（13）　清凉里機関区へ転勤 ………………… 148
（14）　大逆転………帰国 ………………… 150

第4章　太平洋戦争について考える
（1）　ロシア、ソ連の非友好 ……………… 162
（2）　経営について ………………………… 170
（3）　経営の根幹 …………………………… 171

用語索引 ……………………………………… 187
　小山助市　主な経歴 …………………… 193
　挿し絵注文書 …………………………… 巻末

　本文中、職業・身分や身体などに関する卑称・賤称が使用されることがあるが、本書では原史料の通り掲載した。「支那」「満州」の語は、歴史的表記として使用した。これらは歴史的な事実を正確に認識するためであり、差別を容認するものではない。

はじめに

父は太平洋戦争の時、朝鮮 馬山(まさん)機関区長であった。

次に北へ転勤し、終戦時は清凉里(せいりょうり)機関区長であった。
私は12歳で小学校5年生であった。
父によれば、終戦直後の対応は、朝鮮人側は全く予期していなかった早手回しの提案に驚いた。
話し合いは円満なうちに終わった。

本書15頁〜30頁
　「小学校上級生の頃の朝鮮と引揚げ」
　　　　　　　　　　　小山正志編

本書33頁〜186頁
　「太平洋戦争下の朝鮮鉄道」　小山助市著
　　　　　　　　　　　　　(朝鮮(ちょうせん)、馬山(まさん)機関区長、清凉里(せいりょうり)機関区長)

　　　　　　小山秋子　挿し絵

《歴史》
朝鮮は日本による統治(1910〜1945年)を経て、第二次世界大戦後の1948年、北緯38度以南に大韓民国(韓国)が成立した。
同時に朝鮮半島北部に北朝鮮(朝鮮民主主義人民共和国)が成立している。
　　　　　総務省大臣官房企画課(平成19年10月)

この本ができるまで

　父は企業の経営者の第一線から退職後、その生涯について次のような6冊の手記を書いた。

　　　　主題　　「道」
　　　　副題　　家族へのメッセージ

1　序章　第1編　　人生道(じんせいみち)　　183頁　　小山助市　著

2　　　　第2編上　真金道(まかねみち)　　202頁　　同上

3　　　　第2編下　真金道　　180頁　　同上

4　　　　第3編　　白い道(しろいみち)　　185頁　　同上

5　　　　第4編上　荒野道(こうやみち)　　193頁　　同上

6　　　　第4編下　荒野道　　221頁　　同上

　　　　（合計6冊1,164頁）

　私は上記6冊のうちの第2編上・下、第3編の一部及び第4編の一部を今回出版した。そして朝鮮で日本が、父が、どのように生き、戦いそして敗戦を迎えたかを、歴史の真実としてこの本を通して遺し、証明したいのである。

父のこと

　父は石川県鹿島郡鳥屋町（現中能登町）字羽坂に生まれ、東京鉄道局教習所専門部機械科委託聴講を修了し、朝鮮鉄道に奉職した。馬山機関区長、清凉里機関区長として太平洋戦争下で戦った。軍隊では陸軍輜重兵少尉であった。
　父の名は、助市と言います。
　まさに名前の通り生涯において多くの人を助けました。

(1) 子供の頃、溺れてる子供を助けた

　今もありますが、昔はよく見られた灌漑用ため池がありました。現在は設備の整った、監視員のいるプールで泳ぎますが、父の少年の頃は灌漑用ため池は子どもたちにとっては格好のプールでした。父は同じ小学校の生徒がため池で溺れているのを助けました。水に潜ったがよく見えないので、とにかく手で掴めるものがあったので、引き揚げた。それが溺れている少年だった。助ける時、溺れた人が必死に抱きついて、自分も溺れる心配があったので怖かったが、幸い足を掴んでいたのでよかった。また、土手に上げた時うつぶせにしたので、大量の血液交じりの水を吐きだしたそうです。そんな溺れている少年を助けた話は、私にも一度も話したことはなかった。

(2) 馬山機関区の女性事務員を救った

　女性が急に発熱し、40度以上になり目下危篤状態。戦時下であ

り、肺炎を助ける薬はどこを探してもない。区長に危篤の女性の兄が助けを求めた。

かねて交流のある前原医院の医師に事情を述べ、先生の家族用の薬5本のうちの1本をもらってきてその兄に渡し、助けたと父の本に書いてある。

後日、この兄に父は仕事のことで助けられたことになる。世の中は不思議なことがあるものです。

「菩薩は世にありますね」（父の言）

(3) 女子、老人、子供の引揚げに努力し、多くの内地人を助けた

米軍進駐前に女子、老人、子供は内地に帰したい、そのために清凉里＝竜山間の臨時列車の運転を依頼したいと考えた。そして多くの人たちを助けた。

(4) MPに捕えられた清凉里機関区員を救出した

詳しくは、父の書を読んでいただきたいが、一件落着するまで、機関区員は出港できぬということで抑留される前に助け出した。帰国させたいという努力は、私から見て見事であったと思います。太平洋戦争下、機関区長としてどう戦ったかをお読みいただけたらこれに過ぎる喜びはありません。

なお、私事でもありますが、実は、父が助けた命は、上記の4つの他にもう一つあります。

この本を読んでいただければわかりますが、それは大病を患った母の命を救ったことです。

これを合わせると5回になります。

(5) 津田越前守助広の名刀のこと

　元海軍軍人で日露戦争にも参加した岳父から父が頂いた刀のことである。刀身に竜の彫刻があり、私も子供の頃、何回となくこっそり眺めていた名刀で、戦時下のことでもあり、名刀に軍装を施してはあるが、私は美術品と思っている。この日本刀を日本に持ち帰ることはなかった。

　戦争はいつの時代においても、決して許されるものであってはならないと思う。内地に住んでいた祖父から父が頂いたこの軍刀のことを思い出すにつけ、世界中の人々が平和を最高の願いとして念じ、平和を維持し、そしてお互いの国の歴史や文化を大切にして、繁栄と平和な世界を各自が目指し、努力しなくてはならないと思う。

　（注）日韓請求権・経済協力協定衆議院議員　河野太郎
　　　　公式サイト　2018.11.21
　　日本では、この協定を実施するために、国内法を制定して全ての権利つまり財産、権利及び利益を消滅させました。
　　　　　　　　　　　　　　　　　　　　　　　（一部抜粋）
　　勝手に個人の請求権まで放棄できるか等の諸意見に対する政府見解を明確に示したものと私は考えている。

　（参考）
　（略称）韓国との基本関係条約及び韓国との請求権・経済協力協定は、昭和40年12月18日同時に効力が発生した。

父母や私達が住んだ朝鮮の住居

　私は朝鮮鉄道官吏であった父の長男として、父に従い、朝鮮のいくつかの都市に住みました。
　① 昭和8年4月15日　　京城府（けいじょうふ）
　　　（現在は大韓民国の首都　ソウル特別市）
　② 昭和11年6月10日　　平壌府（へいじょうふ）
　　　（現在は朝鮮民主主義人民共和国の首都　ピョンヤン）
　③ 昭和13年9月15日　　京城府
　　　（現在は大韓民国の首都　ソウル特別市）
　④ 昭和17年3月20日　　釜山府（ふざんふ）（官舎）
　　　（現在は大韓民国のプサン）
　⑤ 昭和19年3月10日　　馬山府（まさんふ）（官舎）
　⑥ 昭和20年7月25日　　京城府（官舎）

機関区設置場所（昭和15年7月1日現在）

○京釜線
　　釜山、大邱、馬山、大田、仁川、京城
○機関区の職名
　　機関区長、助役、庶務係、検査係、機関士、機関助手、
　　機関助手見習、合図手、技工長、技工手、暖房手、庫内手、
　　炭水手

　　　　　　　　　出所『朝鮮交通史』（財団法人　朝交会　151頁）

小学校上級生の頃の朝鮮と引き揚げ

小山助市　長男　小山正志　編

馬山の時代（釜山に近い南鮮）

　当時小学生であった私は、冬はため池の氷の上を橇(そり)で滑って楽しんだ。馬山は釜山に近く、交通や輸送の上からも重要地点であった。冬は暖かく決して雪は降らない南鮮である。
　冬は、手製の木で作った橇の下に太い番線(ばんせん)を打ち付けて、両手に先のとがった釘を打ち込んだ短い棒で氷に突き刺し、ボートを漕ぐように橇に乗ってため池の氷の上をスイスイ滑って遊んだ。池やため池は、凍ったが、雪が降ることはなかった。

夏は、水泳である。馬山港の埠頭の近くに、岸壁から飛び込むと泳ぎに適した海の一帯があった。他は大きな背丈の海藻が生い茂り、泳ぐと身体に巻きつき、怖がられた。それでも湾の中であり、波静かで夏は一日中水泳であった。海水パンツはなく、水中眼鏡もなく、白い6尺ふんどしを巻いて泳いでいた。

　海洋少年団にも入っていたので、6尺ぐらいの棒を持って隊列を組んで意気揚揚と海洋少年団の歌を歌い、市中を行進した。馬山には、旧制中学校と女学校があった。私はバリバリの軍国少年だった。いずれは陸士、海兵に進学するものと思っていた。

　小学校上級生だった5年生の頃と思うが、学校の裏にある山から用途は知らなかったが、森の成長のため伐採した間伐材の丸太を山から降ろし運搬した。丸太にカスガイを打ち込んで、そこに紐を通して山を下り、ヒモでブレーキをかけながら運搬をした。全部で1回程であったと思う。松林に行き航空機燃料の松根油取りということで、学校から松の油のありそうな小枝の切り残しを、松の木を傷めないようにして採取のため出かけた。

　戦後、松根油揮発油で飛んだ航空機はなかったことが分かった。あっても、それはテスト飛行レベルであったらしい。石油と戦争、この恐ろしい関係が再確認できた。

　学校のグラウンドでは、2分の1くらいはサツマイモを作っていた。

　学校へは草を刈って月1で持って行くようになっていた。鉄筋2階建ての小学校であった。屋上から授業中に作った模型グライダーを校庭に向けて飛ばした。翼に私は「若鷲」と書いて飛ばした。一番よく飛んだと、下で待ち受けていた友達が言った。

　当時、少年たちにとって「若鷲」は、戦闘機乗りの例えとして胸躍る言葉であった。音楽の授業はピアノに合わせて歌うことが多かった。音楽理論などの講義はなかった。小学5年の時、学校の授業で習った歌がある。私は大変気に入りよく歌った。それは「学徒動員の歌」ああ紅の血は燃ゆる…である。

小学校上級生の頃の朝鮮と引き揚げ　17

S19年　作詞　野村俊夫　　作曲　明本京静
　　　花も蕾の若桜
　　　五尺の命ひっさげて
　　　国の大事に殉ずるは……
　君は「鍬(くわ)」取れ、我は「槌(つち)」というところを変えたりして、いつも元気よく歌った。
　この歌を小学5年の時、学校の音楽の授業で習った。国の使命に殉ずる教育を受けていたのである。

　今、経営コンサルタントをし、石川・アフリカ友好協会の会長をして、家内と世界平和のためにボランティア活動をしている現在からみると何とも例えようのない、ほとばしるような向こう意気に溢れた少年時代であった。それでも私は小学生としては一生懸命国のために頑張っているバリバリの軍国少年であった。これが当時の教育であった。
　ほとんどの朝鮮の家々に、「パカチ」があった。主に主婦が使うもので、「朝鮮の器」と言われていつも家々には必ず置いてあって、井戸端に置いてあるので外から見ただけでは水汲みの用途として誠に適した道具とみられた。
　戦争のため金属製品が使えなかった当時「パカチ」が朝鮮人の人々の家に、黄色に光って置いてあるのを見ると、何故か心がホッと落ち着くのであった。
　朝鮮のことを思うと必ずと言ってもよい程、あの家々にあった鮮やかな黄色の「パカチ」を思い出すのである。軽くて本当に使いやすそうな朝鮮の庶民の道具ではなかったろうか。親しみを思い出す朝鮮の道具である。

野球、バスケットボール、バレーボール、相撲等のスポーツは、小学校でも家へ帰ってからでも決してすることはなかった。戦争中のことでもあり、上記スポーツの道具は製造させているわけはなかった。但し、剣道だけは盛んで、街に道場はあった。京城府に住んでいた頃、私は小学1年の時、1年間剣道塾に熱心に通ったが、未だ剣道の防具である胴を付けるまでには至らなかった。

　我々小学生が当時最も熱中していたのは、模型飛行機の作製である。模型店は1～2軒は馬山市にあった。よく通った。竹ヒゴ、プロペラ、糊、木の材料、取扱設計図等それこそ夢一杯心躍らせて模型飛行機店へ通った。

　私は飛行機模型ライトプレーンと言ったと思う。それらグライダーが得意であった。

　空襲のない馬山市内、帰ると模型飛行機製作に熱中した。友人達もそのような様子であった。戦時中とは言えこの穏やかな空気が流れる日々は続いた。

　模型飛行機製作には、飛行機の重心をうまく定めるのが何と言っても「コツ」であったと思う。飛行機の翼の紙は、母に頼んで五月人形の兜やのぼりを包んである和紙のような柔らかい高級紙を使うしかなかった。当時としては大変贅沢な材料であった。色々な紙など自由に売っているはずがなかった時代である。

　そんな中でも私の最も自慢したかったのは、両翼に「若鷲」と書くのが何といっても言うに言えない楽しみであった。理由は「若鷲」と書くことで、はるか大空を翔る戦闘機乗りになることを夢見たからである。

　当時の小学生の持つ夢ではこれが何と言っても一番中の一番であったのではないか。そんな時代であった。もう一方、夏には水

泳である。水泳は軍国主義の時代、大変重要視されていた。

　馬山港で泳ぐのが子供にとっては最高の楽しみの一つであった。夏はほとんど毎日のように海へ泳ぐために通った。女子や小さな子供たちは、ほとんどいなかった。

　当時そんなことで野球、バスケットボール、バレーボール、テニス等道具を使うスポーツでの練習や対抗試合は全くなかった。

　そんなことから朝鮮人との対抗試合もなかった。

　小学生にはあまり朝鮮の小学生に対する意識はほとんどなく、日本人も朝鮮人の小学生も特に意識することなく、皆同じであってそんなに意識して区分することではなかったと思う。

　使う言語は学校でもどこへ行っても日本語だけであった。従って私たちは朝鮮の言葉はほとんど使う機会には恵まれなかった。今から思うと朝鮮語（韓国語）をもっと積極的に習っておけばよかったと痛切に思うのである。

　「内鮮融和」という言葉は知らなかったが、お互いに反目することはなかった。お互いに相手を意識することなく、自然体で日々を過ごしていたのではないかと思う。朝鮮人の子弟と何かスポーツをするという体験はなかった。日本人にしても戦争中、野球とかバスケットとかスポーツはなかった。

　馬山という温暖な気候のせいか、我々は、どちらかと言うと空襲はなく、穏やかな日々を過ごした。しかし、婦人会等では防空、防火演習をして、緊急時への備えはしていた。これを見て、私達小学生は防空壕や防火用水作りの手助け等、銃後の守りを固めていた。竹槍訓練等は時々やった。防空頭巾は常に持ち歩いた。ゲートルを巻く訓練はしなかった。木銃は、上級生が訓練を行っていた。

清涼里機関区長へ転勤（京城（ソウル）に近く）
せいりょうり　　　　　　　　　　けいじょう

　昭和20年7月25日、父が馬山機関区長から清涼里機関区長へ転勤となった。終戦まであと1カ月にも満たない時であった。
　父母や私達子供を載せた列車は、いよいよ思い出の詰まった馬山駅を離れることになった。列車は馬山駅を出るとすぐカーブになったと思う。右手は、馬山機関区である。
　驚いた。馬山機関区内の機関車や炭水車に職員が登って、そして機関区の前の広場にも多くの職員や人達が出て、力強く手を振って、我々一家を見送ってくれた。各機関車からは、ボーッ、ボーッと汽笛が鳴った。そして皆が別れを惜しんでくれた。
　あれから何十年たったであろうか。今でも目をつむると、まぶたにあの風景が浮かんでくるのである。
　もちろん、父へのそして「内鮮融和」で共に力を併せて仕事をした区長への別れを惜しんだことであることは言うまでもない。

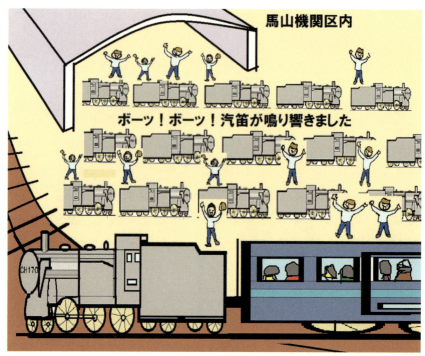

馬山駅を出発し、北へ向かった。一家を載せた列車は、間もなく馬山機関区前を通過しようとした時、多くの機関区の職員の方々が見送ってくれました。皆手を振り、両手を振って、機関区から別れを惜しむかのように汽笛が鳴り響きました。ボーッ、ボーッ、ボーッと。

清涼里(セイリョウリ)の時代（京城(ケイジョウ)に近い）

　昭和20年7月25日付で父は、京城郊外にある清涼里機関区長へ転勤した。父の話によると、清涼里機関区は、全鮮の機関区で最優秀の設備を有していた。しかし、機関車の整備等に問題があったらしいことが、後になって父の原稿を読んで改めて知った。

　昭和20年8月15日、無条件降伏の詔勅をラジオで聞き、精魂尽

き果てたと父は言っていた。日本は戦いを止めた。

　輸送が滞れば不安が募り、治安が悪くなる。一日たりとも列車は止められぬ。朝鮮側は予期していなかった早手回しの提案に驚いた。

　これも、後で父の原稿を読んで知ったことである。下手すれば暴動も起きたかもしれない当時の極めて不安な時代でした。どう乗り切ったのでしょうか。父の本を読んでください。

　学校へ行こうにも日本人は引き揚げとなっており、各家では花瓶や家財道具に捨て値の値段をつけて売り出しにかかっていた。

　もうすぐ引き揚げて行く日本人家庭の家具を買う朝鮮人は一人もいなかった。街は静かであった。日本が敗れる前と後とでは街を歩くのにも全く心構えが違っていた。戦いに敗れてからは、周りをよく見て、小走りに用を済ませるようになった。朝鮮人は、日本人を襲撃してくることは一切なかった。

　表面的には、いつもと変わらぬ静けさを保っていたが、日本人にとっては「戦争に負けた」この一点で、既に相手を見る目が違っていた。どこか自信がなく、気持ちの上では、押しつぶされたような気持ちが続いたのではなかったか。

　父は、引き揚げのため臨時列車（貨車４輌編成）を仕立てて帰国するようにしてくれた。内地人は、この仕立てられた臨時列車に乗って清凉里から釜山港を目指したのである。有蓋貨車に荷物を載せ、その上に座って移動できるようにしてくれた。釜山までは無事着いたが、荷物が全て日本に届くことは、全く考えることさえできない混乱した大変な時局であった。荷物は日本に着くことは一切なかった。

　貨車を何台か１本に仕立ててもらったことは他の引揚者には見

られない程恵まれていたと今でも感謝している。

清凉里から日本へ帰国の途へ

　母は32歳、私小山正志は12歳、弟2人は9歳と7歳、妹は1歳5人の家族は、ようやく日本の土地を踏むことができた。朝鮮京城府郊外の清凉里から無事帰国できたのである。昭和20年9月16日、興安丸で山口県仙崎へ上陸したのである。清凉里を離れる時、母は未だ十分健康を恢復していなかったが、乳呑児を抱え、一家5人を引率しての長旅は、筆舌に尽くしがたい、大変な苦労だったと言える。

　母は、リュックを背負いトランク2つを両手に持ち、私は家族5人の食糧を背にかつぎ、払い下げの軍靴と小袋を手に持ち、二男は、乳呑児を背負い三男は、家族の水筒を持ち、ようやく何とか帰国を果たした。

　当時のこの姿が、私ども一家の本当の姿なのであり、持っている物と背中にかついでいるものだけが、全財産だった。このような状況から一家は、戦後に向けて力強くスタートを切った。

　現在、長男の私は85歳、引き揚げてきた4人の子供は、一人も欠けることなく、皆元気に成長した。4人とも四大を卒業し、それぞれ良き伴侶、子供に恵まれ、いずれも元気で社会に貢献している。これひとえに労苦多くして育てて下さった父母のご恩に他ならぬ。

　常に感謝を忘れることはないのである。

　港の水深の関係からか、興安丸は沖に停泊した。港からは上陸用舟艇が、何回も興安丸と岸壁を往復して引き揚げ者を運んだ。

若い女の人が上陸用舟艇の端で、両手で頬杖をついて海をじっと眺めていた。多くの引揚者が帰国を果たしたが、これから先、どのようにして生活を立てればよいのか、生活はどうなるのか思案に暮れているような様子だった。多くの引揚者に共通して言えるのは、帰国と同時に戦後の厳しい世の中をどうやりくりすればよいのか、親戚や親兄弟は快く迎えてくれるであろうか、明日からどこで暮らせばよいのか、ほとんどの引揚者に共通した悩みとして、これからの自分の、あるいは自分達の行く末に例えようのない心配事が大きな波のように押し寄せたのである。

　「あっ危ない」咄嗟に私は大きく叫んだ。先ほどの上陸用舟艇の舷側に頬杖をついていた女性に向かって、横斜めから突っ込んでくる別の上陸用舟艇の左舷の船首が女性の顔に当たりそうになった。一瞬の出来事であった。女性の顔への衝突は避けられた。帰国のことで数々の思案で、他の艇が接近するのが分からなかったのであろうか。女性が無事であることを確認できた。このようにして、仙崎港に一歩を踏みしめ、母と弟2人妹1人計5人家族は、休憩所へ案内された。

　戦後を生きるための戦いがここから始まったのである。戦後処理をして後から帰国した父、そして子供4人を連れて帰国した母は、どんな苦労で子供達を育ててくれたのであろうか。それは言葉に尽くし難いものであったと言える。我々子供は、感謝しかないのである。こんな軽い言葉でしか言えないが、実に感謝のお礼を述べるしかないのである。

　興安丸は、関釜連絡船でもあった。戦後引揚船として活躍した。船は、機雷を避けるため、見張りを厳重にし、ジグザグに昼間の間、大波の中を航海した。

1度だけ私が上部甲板に立って、波間を見つめていると、船は大きく舵を切ったと思ったら、船の右舷スレスレに赤く錆びた機雷を波間に見た。
　戦争中、投下されたものであろう。船は、機雷を避けつつ航行しているのであろうかと推定した。

引揚船　興安丸

寸法　125.5m×17.46m　7.103t
23.1ノット　S12年建造

　興安丸から上陸用舟艇で山口県仙崎港に上陸し、日本に帰国した。最終的に一家が七尾に着いたのは、昭和20年9月16日であった。

一日千秋の思いで、待ちに待った父が戦後処理を全て完了して、日本に帰国したのは、皆より2カ月遅れの昭和20年11月17日であった。
　「内鮮融和」を進め、全力で、真面目に国のため朝鮮で戦った日本や父のことを知ってもらいたい。

歴史に学ぶ・温故知新

　父も朝鮮人機関区員から信頼を受け、内鮮融和は、十分に成功していたと見受けられる。父も内鮮融和に力を入れていたのである。お互いの国の文化は大切に尊重すべきと考える。このことはとても大切であり、大変重要なことである。
　朝鮮の文化まで否定するのではない。お互い特技を発揮して、助け合おうということだろう。いわば一体ということは、チームワークでもある。時代が変わり、令和元年の現代では、外国人の手を借りねばならぬ時代が来ている。相手の国の文化や歴史は尊重し、受け入れ先の国、つまり外国人とお互いに助け合い協力して企業や工場を経営しようという時代になっている。

2018年12月改正入管難民法

　在留資格「特定技能1号」に介護を含む14業種が対象となり、介護への外国人労働者増は必至となっている。相手民族の歴史や文化を尊重し、外国人と一緒にチームワークよく働く社会にしょうということである。

戦争は決してあってはならないのです。
戦争のない平和な国を築き、
お互いの国の文化を大切にし、
安定した豊かな国をつくりたい。

隣国と　仲良くしたい　皆が持つ
この強い心　これは真実
小山正志

これからの時代

希望に満ちた平和な時代となるよう願っている。
皆が平和を見る眼力を持とう。

■　平和への　願いこめつつ　畑の梅
　　実を待ちながら　令和と聞けり
小山正志
■　食卓に　生けたるスズシロ　眺めつつ
　　年号令和　希望ひろがる
小山秋子

参考文献

① 「朝鮮交通史」財団法人鮮交会
　　編著者　財団法人　鮮交会　　　　　1941.9.18 発行
② 「日本統治下の朝鮮」山辺健太郎　著
　　ISBN　4-00-413129-4　岩波書店　　1971.2.1 発行
③ 「韓国の文化誌」
　　著者　李家正文　　発行所　泰流社
　　ISBN　4-88470-546-7　　　　　　　1986.7.15 発行
④ 「図説韓国の歴史」
　　金両基　監修　姜徳相・鄭早臣・中山清隆　編
　　ISBN　4-309-22151-3　河出書房新社
⑤ 「分かりやすい韓国の歴史」
　　国定韓国小学校社会科教科書
　　ISBN　4-7503-1024-7　　　　　　　1998.3.31 発行
⑥ 「一気に分かる朝鮮半島」
　　著者　鄭　銀淑　　発行所　池田書店
　　ISBN　4-262-14560-3　　　　　　　2003.10.22 発行
⑦ 「日本の朝鮮統治」を検証する　1910～1945
　　ジョージ・アキタ　ブランドン・パーマー　塩谷紘　訳
　　ISBN　978-4-7942-1997-8　草思社　2013.8.28 発行
⑧ 「今こそ韓国に謝ろう　そして"さらば"と言おう」
　　著者　百田尚樹　　発行所　飛鳥新社
　　ISBN　978-4-86410-682-5　　　　　2019.3.28 第 2 刷発行

小山　正志　主な経歴

昭和9年5月生	石川県七尾市に生まれる（母の実家）
	父母に従い朝鮮に住む（12歳まで）
	終戦により、小学校5年生（12歳の時）母と弟2人妹1人と日本に引き揚げ
昭和28年3月	石川県立七尾高等学校卒業
昭和33年3月	中央大学商学部卒業
昭和61年4月	中小企業診断士（S61.4.1～H27.2.28）
平成2年7月	行政書士（H2.7.1～H30.3.31）
	産元商社　勤務
	大手経営コンサルタント会社勤務
	（有）小山経営コンサルタント　代表取締役
	専門学校のマーケティング非常勤講師
	小山行政書士事務所　所長
	石川・アフリカ友好協会　会長　平和のためのボランティア活動
	コヤマ経営　代表・経営コンサルタント業

　次ページのこの地図は、昭和61年9月18日に「朝鮮交通史」財団法人鮮交会編著に収納されていた地図の一部です。今回、使用許可を得るため鮮交会様に連絡を取りましたが通じず、再度電話局、その他を調べましたが、貴会とは連絡が取れませんでした。

　何かあれば、お知らせください。

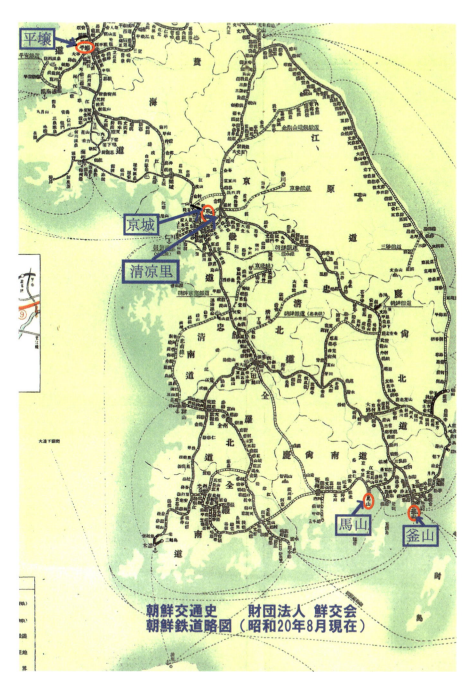

朝鮮交通史　財団法人 鮮交会
朝鮮鉄道略図（昭和20年8月現在）

小学校上級生の頃の朝鮮と引き揚げ　31

実録 朝鮮鉄道機関区

元 朝鮮馬山(まさん)機関区長、清凉里(せいりょうり)機関区長

小山 助市 著

内鮮融和(ないせんゆうわ)は国是(こくぜ)であった
歴史に学ぶ

第1章　真金道

(1) 幼少年期

出　生

　私（小山助市）は、明治41年6月27日、石川県鹿島郡鳥屋村（現在の中能登町）字羽坂、小山栄太郎の三男として生まれた。一番上の兄は夭逝（若死に）しており、次に生まれた兄が長（二）男となり、次の3人は姉で、私は、一番末っ子だった。父は農業で中農程度だった。屋敷は広く、1000坪くらいあったと思う。一部は藪になっていたが、ほとんどは畑で、大木になった柿木は、甘柿と渋柿が半々くらいで50本程あり、その他梅、栗、棗、李、いちじく等の果物の木もあった。

　祖父は、小山助左エ門と言い養子だったそうで、生家は今でも羽坂では屈指の資産家として知られている。祖父の時代は、屋敷はまだひろく、その中には小作人の家も建っていて、その跡は私の子供時代には屋敷の外になっていたがよく見かけた。一文銭は俵に入れて蔵に積んであり、不作の時は大きな釜におかゆを炊いて家の外の通りに出していたと一番上の姉から聞いた。それがなぜ父の代で小さくなったのかわからないが、祖父には9人の娘が生まれ、それぞれ嫁がせるためということだけで真相は誰も話してくれなかった。私は、人は、誰かその人を理解してくれるもの

を残すべきだと痛感したものだ。

一、明治37年〜38年（1904年）
　　日露戦争
　　たばこの専売実施
　　資本主義の発展
二、明治38年（1905年）
　　ポーツマス条約成立
　　ロシア第一次革命
三、明治39年（1906年）
　　鉄道国有となる
　　南満州鉄道会社営業開始
　　自然主義文学起こる
四、明治40年（1907年）
　　第1回文展
五、明治43年（1910年）
　　大逆事件
　　韓国併合
六、明治44年（1911年）
　　関税自主権を得て条約改正を達成
　　中国に辛亥革命
七、大正1年（1912年）
　　憲政擁護運動起こる
　　中華民国生まれる
八、大正3年（1914年）
　　第一次世界大戦に参加

5歳のころだったと思う。家から500ｍくらいのところの菩提寺に地蔵、極楽の絵が展示されているというので見に行った。大人の人は丁寧に説明してくれた。閻魔大王（えんまだいおう）や赤鬼、青鬼は力強く描かれており、舌を抜かれている者、針の山へ追いやられている者、大きな釜で煮られている者、ご飯を食べようとしたがご飯が火になってしまう者等は、いかにも罪人らしく白く描かれていた。悪いことをして死んだら皆こうなるのだなと信じ切って身震いして見ていた。それは、反十善法語とでも言うか十善法語の裏を表したもので三悪道（地獄、餓鬼、畜生）が主体となっていた。

　3歳上の姉は、その後、事ごとに三悪道へ落ちると口やかましく言うので、反発しながらも、内心は怖くてそれを認めるようになっていた。幼年時代は一度や二度聞かされてもすぐ忘れてしまうが、繰り返して何度も同じことを聞かされると、それを覚えてしまい成人になっても忘れられない。

　その翌年も展示していたが、それっきり来なくなってしまったけれど、私と仏教との出会いはこうして始まった。そして、父母や親類や集落のほとんどの人が熱心な仏教信者であることが分かり、私も、父に従い家の仏壇に手を合わせるようになった。

　朝鮮の京城鉄道学校へ入学してから妻をもらうまでは、仏壇はなく手を合わせることもなかったが、妻が嫁に来た時、岳父が仏壇用の仏様を持たせたのが因縁となり、それを本箱の一隅に掲げて手を合わせるようになった。終戦となり、妻が子供4人を連れて私より先に内地へ引き上げる際、この仏様を大事にバッグの中へ入れて持っていたのだが、連絡船から内地へ上陸し、しばらく経ってから仏様を連絡船に置き忘れたことに気付き、子供達には、どんなことがあってもここを離れないよう言い含め、誰もい

なくなっている船内へ入り、幸いなことに仏様をすぐ見つけることができ喜んで持ち帰ることができた。もし、この時見つけ出せなかったら私は、終生、良きにつけ悪しきにつけ悩まなければならなかったと、妻は常々話していた。その通りだと思うが、幼児4人も連れ、全く方向音痴(おんち)の妻の一途な行動に、仏の加護(かご)を感ぜざるを得なかった。

　昭和33年、仏壇を購入、今日に至っている。仏教と本格的に係わりあったのは昭和53年、一切の職を辞してからであるが、NHKの「心の時代」を聞いたり、仏教や宗教の数冊の本を読んだりした程度である。現在のところは、仏教により、無量なる一切の仏法を実践することは、正法(しょうほう)を摂受することであり、無量の福徳の果報と無量なる知恵を修得することになると信じているにすぎない。そして、仏の前に手を合わせるとは念仏を唱えることであり、南無阿弥陀仏と唱えることだが、このことは、極楽往生を頼む意ではなく、どうしようもない我欲を捨てさせ賜えと願うことであり、その上で法、真理に従って精励することを願うことであり、人間として本来の道を歩ませてもらいたいと願うことであると信じている。

　　一、大正4年（1915年）
　　　　対華(たいか)21カ条の要求
　　二、大正6年（1917年）
　　　　石井・ランシング協定
　　　　ロシア革命
　　三、大正7年（1918年）
　　　　シベリア出兵

米騒動起こる

資本主義の成熟

第一次世界大戦終わる

(2) 小学校入学

　私は、大正4年（1915年）、数え8才で小学校へ入学した。入学して間もなく3年生の羽坂(はざか)の子供3人が教室に入ってきて、良川(よしかわ)の子供と相撲をとれと言うのであった。そして、良川の3年生の子供数人が入ってきて、良川の1年生の子供にも相撲をとるようすすめていた。

　鳥屋村は11の字(あざ)から成り立っており、羽坂は小さい方から4番目で戸数は70戸前後であり、良川は最大の字で戸数は400戸ぐらいではなかったかと思われた。従って、羽坂はいつも大字の良川に軽くあしらわれているのに我慢できなくなり、何かで仕返しをと機会を狙っていたようで、利用されるこちらは迷惑な話である。私は、1年生中2番目に小さく、相手となる子は1年生で一番大きい方だった。どうして私はこんな目に遭わなければならなかったのか。実は、羽坂だけの集落内で私は二つ年上の子供に相撲で負けたことがなかった。理由は分からないが、まわしを掴んでの右下手投げには絶対の自信を持っていた。一度外れても連続二度三度と仕掛ければ大抵のものを倒せると思っていた。

　次は、ある時の北國新聞の時鐘の記事である。小兵(こひょう)の舞の海が巨漢の曙を倒したように人間には左脳と右脳があって、右脳はイメージ脳と言われ、トレーニングすればスポーツでも強くなる。それには右脳の潜在能力を引き出してやる。そのためには暗示や

瞑想によってイメージトレーニングすればよい。

舞の海は曙とどう取り組めばよいか瞑想し、こうすれば勝てるという暗示をかけてイメージトレーニングする。

それからイメージ通りに練習すること。また、小錦が4戦4勝した時、新聞はいつまで無心が続けられるかと書いていたが、5日目で立会いに迷いが見られ、久島海に不覚をとってしまった。力だけでは勝てないということである。

いよいよ相撲を取ることになり場所は、教室内の冬季火鉢を置く、四角なところであった。相撲の相手は立派な体格の力持ちのように見えた。何しろたくさんいる良川の男の子の中で一番強いと言うのだから相当なものに間違いなかった。今でいうならば私と彼との差は、舞の海と曙との差程あったと思うが、私は負けるとは思わなかった。前出の通りの投げで絶対に勝てると信じていた。双方の応援合戦はものすごく騒然としていた。勝負は予想通りで勝つことができた。

それからというもの、小山は強いぞと言うことになり、お蔭でイジメの対象にはならず、イジメ知らずに過ごすことができた。

しかし、これで戦いは終わったのではなかった。今度は騎馬戦を言い出してきた。そこで、クラスを二分し、私と相撲相手の子とが騎乗で戦うことになった。なにがなんでも大字の面目上、勝たねばならんということである。5月のある雨の降る日であった。1年生のクラスと2年生のクラスが廊下を挟んで隣り合っており、両クラスとも廊下との仕切は板戸になっていた。まるで運動場でするように大声を上げてぶつかりあった。

その途端に板戸は倒れ大変なことになってしまった。

その上、あいにく2年生はまだ授業中だったので、先生は大声

を出して飛び出して来られ、生徒を捕まえようとされた。私は一番不利な状態にあったので、先生の腕をくぐって運動場へ飛び出してしまった。雨中の運動場には誰も居らず仕方なく教室へ入ろうと思い倒れた板戸の所まで帰ったが、板戸は何事もなかったかのように元の状態になっていたので安心した。

　教室に入ったが、皆神妙に机についていて一人も欠けていないので、また安心した。しかし、担任の先生にはひどく叱られるものと思い、その時は、私の責任が一番大きく謝らねばと考えていたが、先生はこの問題には触れられず、すぐ授業に入ってしまわれた。ただ、職員室では今度の一年生はガキ大将ばかり集まっているようだ。元気で良いが、こともあろうに学校の廊下で騎馬戦をやる等は前代未聞の出来事だと評判であったということだった。

　私は、もう我々の勝負はこれで終わりだ。今後は何と言ってきても応じないと決心していたが、その後は何事もなくすんだ。

(3) 集落の行事

　鳥屋村字羽坂は、ほとんどが農家で、他には造り酒屋、手織機(ており ばた)の問屋、雑貨屋、理髪屋、自転車兼履物屋、豆腐屋、料理屋が一軒ずつある程度だった。その他、寺が1軒、神社（無宮司）が1社あり、独立した集落の形態は整っていたと思う。年中行事の主なものは次のようなものだった。

仕事始め

　1月2日は子供の仕事始めの日で、8才位から15〜16才位まで

の男の子が油揚げ1枚ずつを持って誰かの家へ集まり、各自が持って来た藁(わら)で縄をない、夕食はその家で食べさせてもらい、皆(10人くらい)で炬燵(こたつ)で雑魚寝して親睦を図るものだった。ここでは子供達の1年の計画も話し合った。

左義長

　1月14日は、子供主催の左義長を行うことになっていた。学校から帰ると皆で各家を廻り青竹や藁、正月の飾り物(例えば門松)等をもらってきて神社の横の広場に集め、特に前年中に嫁入りのあった家からは、扇子、ご幣(神に祈るときにそなえるもの)等で飾ったものをもらう習慣になっていた。これらのものを全部集めて大人数人で手際よく背の高い大きな松明様に作り上げ、夕方陽の落ちた頃に火をつけて焼く行事だった。そのとき、書き初めが燃えながら高く上がると字が上手になるということで競って焼いた。また、正月の餅も焼いて黒く半焼きになり青竹の特殊な匂いのする餅を病気にならないと言って食べた。

　これは、何処にでも、今でもある行事で、子供主催ということで意義があり、今年一年の豊作と無病息災を祈る行事として知られていた。

祭

　農村(字を村とよんでいる)であるため年2回、春は4月頃、豊作を祈願するため、秋は9月頃豊作を感謝するために盛大な祭りを行っていた。そのため、どこの村でも神輿と獅子舞が村中を巡

回していた。

　獅子舞は、子供の受け持ちで囃方と舞方に分かれており、囃方は小学校低学年からで、テビラ（手平鉦(かね)）2人、鉦2人、太鼓2人（二人で一組）で笛は大人が吹いていた。編み笠と前掛け、手甲は備え付けてあり、絣(かすり)の着物、白足袋、下駄は自分持ちであった。

　舞方の天狗は、面、烏帽子(えぼし)、衣装、手甲は備え付けであり、白地の長い羽二重の鉢巻、縮緬(ちりめん)の長い襷(たすき)、絹織の派手な着物、草履、白足袋は自分持ちであった。悪魔払い（天狗の妻的存在）は、面、鬘(かつら)、手甲は備え付けのもの、絹織の派手な着物、縮緬の長い襷、草履、白足袋は自分持ちになっていた。ヒョットコは、面と鬘と裾の詰まった袴とは備え付けのもので他は適宜自分持ちであった。獅子持ちは、総勢6人で特殊な蚊帳(かや)状のものの中に入って交替で獅子振りをやっており、前掛けと股引(ももひき)、手甲は備え付けのもの、草履、白足袋、無地で白いシャツは自分持ちであった。

　獅子舞の種類は、天狗の舞3種類、悪魔払いの舞が3種類あった。

　特別に4月10日と9月10日には、宮司兼神官のいる鳥屋比古神社の祭礼日で末坂、羽坂、春木の三村にわたり同社が建っているので三村で獅子舞を奉納する習わしになっていた。

　毎祭礼日の2週間程前から宿（どこかの家を借りて練習する家）を決め、毎晩6時頃から9時頃まで練習に励んだ。毎年新人が入り、古い人は止めていくので練習は極めて大切で、数人のOBの熱心な指導を受けていた。私は、小学校1年生頃からテビラを受け持ち、鉦、太鼓に進み小学校4年の秋頃から天狗を舞う幸運に恵まれた。天狗になった年の秋祭の10日は朝から雨で、比古神社の祭礼の奉納獅子舞は中止と決定し、宿に集まっていた皆をガッ

カリさせ散開してしまった。

　ところが、昼頃から急に天候がよくなり、晴れ渡ったので午後2時頃から三村の獅子舞を奉納することになったが、朝方雨で奉納舞は中止と聞いて姉が私の着物その他を持ち出してしまっていた。実は、私が不要になれば姉が使用する。そのために母は思いきり良い物を揃えてくれていたので、私は、内心自慢だっただけに手元にないと分かり、母を責めたがどうしようもなく、初めて身に着ける夢は吹っ飛んでしまい、ベソをかきながら兄のお古で我慢せねばならなくなり、折角天狗に指名してくれた先輩や係りの人たちに気まり悪いやら散々であった。そのため舞の方にも力が入らず散々であった。

　比古神社で舞った後、羽坂の一番賑やかな雑貨店と造り酒屋の前で舞うことになっていた。父は、週に1回この酒屋へ来ており、この日も我が子の晴れ姿を見たいと頑張っていたらしい。

　夕食のとき、父は、「なんて元気のない舞だ。恥ずかしくて見ておられなかった。」と、何事があっても批評などしたことのない父の言葉に驚いてしまった。そして、もうこれからは内輪だけで済まないことになるのだと言いたげであった。母は、吃驚（びっくりすること）して「そんなことない。一生懸命舞ったんだのう」と、いかにも済まなかったと言いたげな顔つきで懸命に私をかばってくれた。大抵のことは母まかせの父は、母の言葉で何かあったなと察したらしく、いつもの顔付きになっていた。

　ここで、私の父と母に触れたい。

　なにしろ、15才の春、進学のため別れたなりなので、詳しいことは覚えていない。母は、私が京城鉄道学校へ入学した年の大正12年8月27日、父は、大正14年1月16日、他界してしまった。

私は、二人目の男で末っ子であったため甘く育てられたようである。

　私の知っている父は農業だったが、若い頃は農閑期に木挽職（こびきしょく）（木を切る仕事）として出稼ぎもしたようであった。ある時、父は村の人と話していたが、勤め先の奥様に年齢を聞かれたので、慌ててその翌日荷物をまとめて帰ったと。そのように、一事が万事で実直そのもののような、そして、寡黙（かもく）（口数の少ない）な人だった。酒も煙草も少しは嗜み、酒が入ると機嫌が良く、饒舌になるのが常だった。

　母は、父には二度目の人のようで、先の人は子どもができる可能性がないと言って自分で去ったと長姉はいっていた。母の母は、母の幼少の頃他界しており、継母に妹が生まれたので、妹に家督を譲ったのだそうで、母と母の実家へ祭りなどで訪れた時、母は見違えるほど毅然（きぜん）としていて継母や妹に大変大事にされており、母の満足そうな顔を見ると、子供心にも嬉しく、そんな母が大好きだった記憶があり、家での母は、多くの小姑につかえ、控えめの人だったと思っている。当時村では新聞を購読している人はなく情報は専ら口伝（くでん）によっていたので、母は父を促して、週1回平均で造り酒屋で情報を取ることを考えたようで、父から進んで酒屋へ行くことはなかったし、毎晩晩酌をするようなこともなかった。酒屋から帰って来ると酒の機嫌で母にいろいろなことを話していた。母は農作業の方は父より経験が多く母主導の農業であったため、情報の必要を痛感していたようである。

初めての本祭

　9月14日の本祭の当日は秋晴の好天に恵まれたので、練習の成果を十分に発揮したいと皆張り切っていた。10日の奉納獅子舞では天狗が元気なかったので皆も元気になれなかったようで責任の重さに驚いていたのである。当日は、午後1時頃、宿の前庭で舞い、村社手間神社で舞った後神輿と合流して集落廻りを始めた。

　夕方6時頃村一番の資産家で大休止をし、たくさん御馳走になり、ここで舞い方がOBと交代することになっていた。私は、太鼓の方へ廻った。流石に大人の舞は勇壮そのもので、酒の勢いも加わり、大太鼓の響きも大きくなり、たくさんの高張（ちょうちん）は神輿や獅子舞を取り巻き、村の役員や青年団の役員の堤灯（祭りのちょうちん）も多くなり、祭りは最高潮に達していった。午後8時頃神社へ帰り、秋祭りの最後に獅子殺の舞を舞うことになっていて、春祭にはない行事であった。飛燕（ひえん）のごとく飛び回り一太刀を狙う天狗と、一振り必殺を狙い隼のごとく構える獅子の追いつ追われつの勇壮な舞は、子供達に大きな感銘を与えていた。最後に天狗は獅子の隙を突いて獅子持ちの控えの連中に蚊帳の上から飛び乗り、そのまま境内を出て舞は終わった。

　OBは、何処でこんな練習をしていたのか。たくさんの見物人は固唾（かたず）を飲んでみていたが、溜息をつきながら解散して行った。

　家へ帰ると叔父や叔母、貝（かい）の家族（直系家族の外に傍系親族までも含む）等で賑わっていた。毎年のことながら年配の人には一期一会と喜び合っているようだった。一番嬉しかったのは、従兄弟で同年の男の子3人が、夕食を食べずに待っていてくれたことだった。

(4) 私のノルマ

　私の家には、馬が1頭、犬1匹、猫1匹、鶏十数羽いた。私は、小学校3年の終わりの頃から馬の夕食、犬の朝と晩の食事、鶏の午後1回の餌を与えることを自分から買って出た。
　馬の飼葉は藁を3センチ位に切ったものを両手で5杯位、不出来な大豆や麦や米を混ぜて煮たものを両手で3杯位、糠(ぬか)を両手で3杯位、米の研ぎ汁3升位を大きな桶に入れ、よく混ぜてやるという厄介なものだった。
　夏の7、8月は草がたくさんあるのでやらないが、その外の月は毎日3度食べさせねばならず、寒い日の夕食は嫌いだったが、納屋の一角にある厩舎へ入ると鼻でフンフンと言ったり、前足で寝藁を掻いたり、首を振ったりして早く早くと催促する仕種(しぐさ)が可笑(おか)しいので与えたくなるのであった。そのかわり、冷えた手を馬のタテガミの中へ突っ込んで温めてもらうこともあった。どんなに冷えていても馬は知らぬ顔をしてモグモグと音を立てて食べていた。
　馬は兄が春田を耕すために秋に私が猿轡(さるぐつわ)をはめて稲を食べられないようにして稲を運ぶために使っていた。このようにして馬の食事を引き受けたが、遊ぶ時間が長く大半は父の負担になってしまっていた。
　犬は、灰色の雑種で胴が太くて長くて、足が短く、どうみてもスマートとは言えなかったが、利口な犬で、屋敷内ではどこへでも私についてきたが、私が屋敷を離れるとジーっと私を見守っていて、私が帰って来ると、どこからともなく驀地(まっしぐら)に飛んできて私に飛びつき、尻尾がちぎれはしないかと思う程振って喜んだ。当

時は、犬は放し飼いで、野良猫は近寄らず、鶏のガード役を務めてくれていた。

　猫の食事は母が分担していた。犬とは違い小食ではあるが、独特の猫舌は熱いものはだめで、そのうえ魚っ気がないと食事は進まないらしかった。鼠を捕ったのを見たことはなく、寒がり屋で寒くなると囲炉裏の床縁に前足二本を揃えておき、猫独特の姿勢で、燃えている火を目を細めて見ていることが多くなる。私が囲炉裏の近くに座ると、忍び足で近寄り私の膝の上へ入り込み喉をゴロゴロさせて寝込んでしまう。いくらほうり出してもまたやってくる執拗な猫だったが、なぜか、父にも母にもそんなことはしなかった。食事の頃になると尻尾を身体と直角位にして上方へ立て、微かに動かし、ニャンニャンと繊細な声で鳴きながら母にまつわりついているのをよく見かけ、母は、時々足を踏むぞえい…と叱っていたこともあった。普段はどこに居るのか余り姿を見せないが、背伸びしたり、欠伸をして悠々と歩きまわっていることもあった。週に1回ぐらい母の持つ食事につられて蔵へ入れられ、米俵の番をさせられていたが、このことは余り好きではなかったらしく蔵の戸を開けるや否や真っ先に飛び出していた。ときには、油断をして鼠どもに米俵をかじられて穴をあけられたこともあったが、責任は感じていないようであった。

　鶏は、若いのも年を取ったのも、雄も雌もひとかたまりとなって家の近くから余り離れなかった。放し飼いであり屋敷が広いので広い範囲で餌を拾っても人には迷惑をかけることはないのだが、遠くには行かず、しかし、いつも何かを啄んでいた。若い鶏は、馴れないのか掴まえ難いが、2年も経つと掴まえようとして追いかけると止まって待つようになる。雄は雌よりも馴れるのが

遅い。2年以上の雌は抱卵気に入ったことを態度で知らせるので卵を抱かせる。雌は、卵を抱いている間及び雛鳥を連れている間は、近寄ると首の回りの毛を立て威嚇するので近寄れず、母性愛の旺盛さを見せつけていた。

　愛鳥が強く叫ばれているが、現在の養鶏産業をどのように見ているのだろうか。犬の飼い方にも問題が多いと思う。人間だけが尊重され、人間だけが自由であればそれでよいと言うものではないと思う。

盆

　春秋の祭りと同じ位重要視しているものが毎年のお盆（8月14日〜16日まで）であり、お盆には、お墓参りがどこの村でも盛大に行われていた。

　三日間にわたり村中の人々が仕事を休み自由に過ごすということは子供心にも楽しいことであった。その上、出稼人はもちろんのこと、転出して行った家族や他村へ嫁いでいった人々まで皆本家へ集まるので大変な賑わいを見せた。このような人々の多い私の家は大変で、客の多いのを喜んでいたが、母の苦労には気付いていなかった。

　転出して行った人々の多くは、京都、大阪で風呂屋か豆腐屋を営んでおり、成功した人も少なくなかった。成功した人たちのうちには、懐中時計の金の鎖を帯に巻きつけ、大きな金の指輪をはめ、真新しい服装をして本家の墓参りをする人もいて、こちらまでが楽しくなり、将来は、京都か大阪へ行って成功したいと胸を膨らませていた。

昼は、子供の相撲大会が開かれた。子供は、私より上のクラス6人、私のクラス2人、私より下のクラス2人で大体10人であった。抽選によって東と西に5人ずつ分かれるのだが、抽選に使用するものは、大豆の茎のついたものを10本採ってきて、5本は葉だけを取ってしまう。そのものをボンと言い葉の付いたものをハッパと言っていた。その他トーナメント方式によるものと、総当たりのものがあり、総当たりで優勝すれば子供横綱となるのであった。勝負は3番勝負で、2勝しなければ勝ったことにならなかった。大人の見物人も多く子供はみな張り切っていた。私の上のクラスは2人と私との争いになるのが常で、私は数年間連続優勝をしていた。

　踊りは3日間中1日だけで、当日は大太鼓を午後3時頃から打って羽坂ばかりではなく隣村へも響かせるので、今晩は羽坂の寺の境内で踊りがあることが分かり、隣村からも集まって来るので大変盛大な踊りとなり、仮想した人たちも出て、夜更けまで踊り続けた。

　そのほか、例えば忠魂碑の慰霊祭やそれに伴う大人の奉納相撲などが催されたこともあり、盆の多彩な行事は村の若者に活気を与えたことになる。

姉の涙

　この頃、私は小さな四輪車を作ることを考えていた。直径1尺位の丸太から車4個を切り出し中心に穴をあけ、心棒を通し、箱を乗せ、箱に心棒を固定するという簡単なものだった。初めてのことで道具の使い方もよく分からず、6カ月くらいの間に左の人

差し指の付け根付近を3回にわたり鉈（なた）で叩いてしまった。2回までは姉は黙って薬草を採ってきて包帯してくれたが、3度目には泣きながら包帯し、「指は落ちてしまうぞね。身体障害者になったらどうするのね」と言われて吃驚してしまい車作りは止めてしまった。姉の注意を無視して車作りを進めているうち指を落してしまうことにでもなれば私の進路は変わらざるを得なかったと思う。

そして、私は、竹蜻蛉（たけとんぼ）、水鉄砲、杉の実鉄砲、紙鉄砲などを作って遊んだ。特に竹蜻蛉に熱中し、孟宗竹、真竹を使って羽の勾配や形、長さ等の異なったものを作っていた。竹蜻蛉は胴に細い紐を巻きつけ、それを竹野筒に入れ筒の中程の小穴から紐の端を出し、その紐を勢い良く引っ張って飛んだ高さや距離を競っていた。

(5) 夏中休暇

私は、小学校4年、大正7年（1918年）の夏休みから草を刈ることにした。8月1日午前5時、父は草刈に出掛けると言って、私を起こした。少し早すぎると思ったが仕方がない。モジモジしながらエライ約束をしてしまったと思った。

起きてみると、縄で作った砥袋に小さな砥石の入ったもの、真新しい鎌、適当な種類の縄等を父が揃えて置いてあった。

砥袋は腰にぶら下げ、縄を抱えて家を出たが、どこで刈ったらよいか分からず、農道の縁の草を刈って7時半ごろ家に帰った。父は既に家へ帰っており、馬は父の刈った草をたべながら私を見ていた。私の刈った草を与えたが、鼻で吹き飛ばしただけで父の与えた草を食べだした。父の与えた草と私の与えた草とでは、草の

勢いが違い、私の与えた草は色褪(いろあ)せて見えてまずそうに見えた。単に草を刈ると言っても大変なことだと思った。

　朝食後、灌漑用ため池付近の草刈りに出掛けた。長方形の溜池が三つあり、新池（50ｍ×70ｍ位）、古池（40ｍ×70ｍ位）、茜池（30ｍ×70ｍ位）と呼んでおり、水源は石動山から七尾湾に注いでいる二宮川（川幅10ｍ深さ10ｍ程）で、この川は常時水はないが、2日も続けて雨が降ると濁流が渦巻いて流れる暴れ川に豹変してしまい、度々堤防決壊の災害を発生させていた。

　茜池は灌漑用と言うよりも、防火池と言われ他の二つの池よりも集落寄りになっており、新池、古池は二宮川に接していた。新池は最も大きいが水溜まりが悪く、いつも水位は半分以下で、古池は水溜まりが良く、いつも綺麗な水を湛えており、水遊びにはこの池を使っていた。30分ほど草を刈って後は泳いでばかりいた。正午には午前中に刈った草を背負って帰り、昼食後また草刈りに出掛けた。夏の暑い間は午後2時頃までは午睡する習慣があり、父はよく午睡していたが母はしなかった。私ももちろん午睡せず草刈に出掛け、30分ほど草を刈って後は泳いでいた。このようにして、夏休み中の毎日を過ごしていた。学校の宿題にはあまり時間を掛けなかった。

(6) 五銭は欲しくなかった

　秋の取り入れも終わった10月の初め頃、私は神社の境内で大勢の男の子や女の子と遊んでいた。男の子はベースボールの真似ごとのようなことをしたり、かくれんぼうをしたりした。また、棒取り（後ろの帯に挿した棒を取り合う）をして遊んだ。そこへ隣

村の6年（2年上になる）の男の子が入ってきて、「おい、小山お前は相撲が強いそうだな。俺と一番とらないか。俺が負けたらこの5銭硬貨をお前にやる。」と言って5銭硬貨を狛犬（こまいぬ）の台の石の上においた。これには、さすがに驚いてしまった。いきなり果し合いを挑まれたようなものだった。多くの子供たちは口を揃えて「やめとけ、やめとけ、あいまち（怪我のこと）させられるぞ」と言いながら私を取り囲んだ。

　私はこの子は度々羽坂の子供達にチョッカイをかけていると聞いていた。そして、私への挑戦はその一環であると思った。

　日頃から羽坂の子供たちをイジメから守ってやらねばと思っていただけに、この挑戦は逃げるわけにはいかなかった。そして、何としても勝たねばならない。いや、勝てる。俺にはまだ敗れたことのない秘技があると自信を持っていた。

　しかし、子供たちは、体格や力量で大差があり、今様で言えば舞の海と小錦以上の差かあったのと、相手は暴れん坊の異名（いみょう）を持っていたので到底小山には勝ち目はなく、その上、土俵ではなく荒地での相撲では大怪我をさせられるに決まっていると思っていた。

　「よしやろう」と言うと同時に二人で組み合った。力の強さは大人並みと思われた。土俵でない広場での戦いであるから倒すか倒されるかで勝負がつくので、単に力が強いだけでは勝てない。しばらく組み合っていたが、相手は技は知らないようだと分かり、これは勝てると思った。そこで、渾身の力を揮（ふる）ってグングンと押したので相手は驚いて押し返してきたところを投げに出た。1回目は失敗したが休まず続けて2回目の投げを仕掛けたので相手はバッタリと倒れた。

暮れかかっていた秋の夕は釣瓶落としに暮れていくと、あたりは薄暗くなって大勢の子供達も急いで帰ってしまった。「おう、やっぱり強いなあ」と言って相手は5銭硬貨を手渡し、サッサと帰ってしまった。

　母からは、どんなに遊んでいてもよいが、夕日が落ちるまでに家に帰って来るよう強く言いつけられていたので、5銭はもらいたくないと思ったが、遅れに対する母の言い訳にしたいと思って、持って帰ることにした。

　5銭と言えばどれくらいの価値があったのか。叔母たちから小遣いとしてもらうのは分厚い2銭銅貨1枚だったから相当な額になるわけである。

　しかし、母は、私の言い訳に対し悲しそうな顔付きになり、そんなお金はもらってはならない。返して来るように。そして、再びこのようなことはしないようにと強い調子で叱られてしまった。その時の母の顔は忘れられなかった。

(7) いじめ

　その年の秋もだいぶ深まった10月の下旬頃のある夕食時に、父は「酒屋の親父が喜んでいたよ。孫どもがイジメられそうになると小山に言いつけてやると言えばイジメられんですむ」と自慢そうに言っていたが、母は、この間のことを思い出したのか、この間と同じような悲しい顔をして黙っていた。

　父の言っているような大袈裟なことでもなく、また母の心配されるほどのことでもないが、私には多少そのようなことがあって反省させられた。当時のイジメは、嫌がらせをしたり、チョッカ

イをかけたりしたが、特定個人に集中的にしたり、暴力をふるうことはなかったので、少し力のあるものが介在していると、そのようなことも起こらなかった。

　一、大正8年（1919年）
　　　国際連盟加入
　　　中国に排日運動高まる
　　　パリ平和会議
　二、大正9年（1920年）
　　　経済恐慌起こる
　　　尼港事件発生
　　　最初のメーデー
　　　第1回国勢調査
　　　労働運動盛んになる
　三、大正10年（1921年）
　　　ワシントン会議
　　　四カ国条約締結

(8) 人命救助

　大正9年（1920年）6年生の夏休み中のある暑い日であった。前にも書いたように、午睡もせずに泳ぎ、また草刈のため古池目指して急いでいた。ふと茜池の土手に4〜5人の幼い子供の立っているのが目に留まった。近寄って見ると、小学校1年生位の男の子を頭に男女合わせて5人いた。そして、今から池に入って泳ぐのだと言うので驚いてしまった。今まで泳いでいるのを見たことの

ない連中だったから。泳げるのかと聞くと泳いだことはないと答えているので、また、吃驚(きっきょう)してしまった。前にも書いたが、この池の水はあまり綺麗ではないのであまり人は泳がなかったが、集落に近い方の長辺の中央付近に水の取出口があり、泳ぎ場所としては、その付近に反対側の長辺の中央付近と2カ所になっていた。子供たちの立っていたところは水の取出口付近なので、皆を集め岸につかまってバタバタしていること。油断していると水に引かれて岸から離れやすいから注意していて岸からは絶対に離れないこと。岸から少し行ったところから急に深くなっていて危険だから、このことだけは堅く守ることと深く戒め古池へ向かった。しかし、何だか気懸かりなので、子供たちと反対側の長辺の、中央の泳ぎ場で泳ぐことにした。

　時々子供たちのところを見ていたが異状はなかった。しばらくして、子供たちの方を見ると、どうもひとり足りない。一瞬ギクッとした。嫌な予感がした。慌てて陸路を向こう側へと走った。「オーイ、皆集まれ」皆集まってきたが大きい男の子は居なかった。「大きい男の子はどうした、土手へ上らなかったか」「あがらない」いよいよ最悪の事態になったと思った。「皆何処へも行くなよ」と言いながら辺りを見渡したが、大人の人影は見当たらなかった。

　人が溺れたら必ず大人の人の救いを求めよ。溺れた人に近づくと、その人が死にもの狂いに抱きついてくるので、一緒に溺れてしまうから、必ずこのことを守るよう、毎年夏休みの始まる前に先生から注意されていた。

　どうしよう。最も近い人家まで走るとしても20分はかかる。一刻も猶予はない。母の顔そして父の顔が浮かんできた。何故古池

へ行かなかったのかと後悔も出てきた。お前は集落の子供の世話をするのだと思っているのではないか。だから古池へ行かなかったのだろうと言う声も聞こえてきたように思った。その一瞬、子供は浮き上がりまた、沈んでしまった。もうこれまでだ。一か八かだと思い子供の沈んだ深いところ目がけて飛び込んだ。水中で目を開けてみたが黄色の水に遮られてあまり先は見えない。深い所の水中を泳ぎまわっているとき手に触れたものがあったので、それを掴むや否や抱きつかれるのを恐れ岸の方へ向かって全力で泳いだ。掴んだのは足であり、そのまま土手の上へ引き上げた。俯きの状態で引き揚げたのが幸いしたのか、土手の上に置いた瞬間たくさんの水を吐き、水の中には血液も混じっており、かすかに、「おかあちゃん」と言っていた。水中で母に助けを求めていたものと思われる。人工呼吸など知る由もなく夢中で足を持って土手の上へ引き上げ俯けたのが人工呼吸の代わりをしたものと思っている。

　しばらく様子を見ていたが変わったこともないので、他の子供たちに、このまましばらく寝かせておき皆も一緒に居てやること。水中には絶対入らないこと。そして気分が良くなったと言ったら皆一緒に帰ること。わしは、古池の方に居るから何かあったら連絡すること等言い聞かせ古池へと向かった。

　助けあげた後は普通は入院ということだろうが、そんなことに気が付くはずもなく、歩いて帰ったこと等、皆奇跡ずくめであった。このことは、余計な心配を掛けたくないと思い、父母にも誰にも知らせなかったが、昨年、つまり、平成３年の秋、義兄の３回忌法要の時、助けられた人が、60年ほど前に助けられたと告白し、一同初耳だと驚いていた。

(9) 負　傷

　この年の秋の終わり頃であった。隣村の滝尾村字井田の叔母から、菩提寺の釣鐘の鋳直しが寺の境内で行われるから見に来ないかと便りが届いたので、近くに住んでいる3才上の従兄の自転車の後ろに乗せてもらい鳥屋村外れの沖良川に差し掛かった時、農家の人の担いでいた稲架木(はさき)が突然道路に突きでたため、それを避けようとして二人とも頭を下げた途端ハンドルを取り損なって道路下の畑へ自転車もろとも転落し、私は、右膝頭を強打し、見る見るうちに腫れ上がり痛くて歩けなくなったが、従兄に心配かけてはいけないと思い何事も無かったように装った。

　叔母の家へ着いたが正座することもできず、歩行も容易ではなかった。釣鐘の鋳直しは大がかりなもので金属湯が注ぎ込まれる最後の工程まで痛む足を我慢しながら見物していた。家へ帰ってからもこのことは父母に話さなかったが、重大な結果を招くに至った。

(10) 高等科生となる

　大正10年（1921年）3月私は、尋常小学校を卒業し同年4月高等科1年生となった。

　ここで、学業についてまとめて書いてみたい。私たちの子供時代に、将来何になりたいかと聞かれれば、異口同音に陸軍大将と答えていたと思う。私も幼い頃はそうであった。私が尋常3年の時だったと思う。母は、「遊んでばかりいないで少しは勉強したら」と注意された。私は、「中学には進学しない。いや、できないだろ

う。高等2年卒業したら大阪へ行き豆腐屋に丁稚奉公し、将来は独立した豆腐屋として成功したいのだ。勉強して優等生になろうと思えばいつでもなれるが、丁稚奉公には体力が必要であり、体を鍛えるために遊びたい。」と。

その後、母は勉強には触れられず、学業は、私のマイペースで進んだ。私は、小学校1年と6年の成績は勉強しない割に思ったより良かったが、2、3、4、5年は思ったより悪かった。何故こんな差がついたのか。1年と6年の担任は横山先生という私の大好きな先生であった。つまり、先生が生徒に好意的であり、その生徒が先生に好意的であれば成績は良くなり、一般的に言って先生が生徒に好意的でなければ生徒の成績は良くならないということが言えよう。即ち、このような先生に対しては以心伝心で生徒も先生に対し、好意が持てなくなるからである。

ずっと、この傾向が大人になっても続く。学校の先生は、軍隊の教官、職場の上司において、こちらが好意を持てる人であれば成績が良く、この反対を悪いという実績が生じている。つまり、こちらが好意を持てる人については無心で接することができ、頭の回転もよく、潜在意識の働く余裕も出てくるが、好意を持てない人については無心の状態にはなれず、失敗したら大変だという心配、自我が先走って頭の回転もそれに引きずられて悪く、潜在意識は働かなくなる。

従って学校の先生の場合は、クラス全員に対し好意的にならねば先生としての資格はないということになるが、これは、容易なことではない。疎んじられた子供が出たとすれば、その子は落ちこぼれか、登校拒否の道を選ばざるを得なくなる。このような場合、担任の先生を生徒が選べるとしたら救われるかも分からない

が、生徒が先生を選べる体制にない。二人担任制が実現すれば救われることになろうが。しかし、分からない。

好意と非好意

　高等科1年の担任は、スポーツマンで元気の良い明るい感じの先生であった。ただ叱るとき馬鹿野郎を連発さすのであだ名を馬鹿野郎と付けてしまったが私は好きであった。高等科になると、6年で卒業し、中学へ進学する者、就職する者がでるので生徒数が減少し男女共学となった。

　昨秋痛めた膝頭が4月に入ってから再び悪くなり、歩行も困難となった。近くには外科の先生が不在であり、内科の先生ではどうにもならず、指圧とか骨接ぎとかマッサージの先生方にかかったが、一向に良くならない。

　そのうちに自然に膿が出て少しは良くなったが、20日間休んでしまった。しかし、完治したのではなく、半年間は体操は見学しなければならなかったが、障害が残らなかったのは幸運であり、神仏のお蔭だと言われている。

　ある初夏の晴れ渡ったさわやかな日であった。数人の男子生徒が呼び出され何か注意されていた。原因は何であったか忘れてしまったが、そのうち例の馬鹿野郎の連発となった。誰かが廊下へ飛び出していった。それをきっかけに次の時間、男子生徒全員が授業をボイコットしてしまった。そしてその次の時間、先生が、これから注意すると言われたのに驚いてしまった。先生は何処が悪かったのか、何も謝ることはないのではないか。

　生徒に悪い所があって注意したのだから例え馬鹿野郎の連発が

あったとしても仕方のないことではないか。私は、始めから授業ボイコットには反対であり、最後まで渋ったが、一人残ったのでは先生も困られると思い仕方なく行動を共にしたものの、先生には断固厳しい態度で接してもらいたかった。

世の中は、そんなに甘いものではなく、その荒波に向かって何人かの同僚が船出していることを知らしめて欲しかった。そうした不平が顔に出ていたようで、先生は瞬きもせずに私の顔を見ておられたが、それからは先生と私との間に溝ができてしまった。

私は、先生に好意的であったが、先生はまだ不服な顔をしている。不愉快な生徒だと思われたようである。

このことに関連するが、城山三郎氏は、『本田宗一郎との100時間』という本で以下のように書いている。

久米（元社長）は、静岡大工学部卒、昭和二十九年入社。いきなり設計課に配属される。本田宗一郎の膝下であり、どやしつけられる毎日がはじまった。（中略）「図面の間は何ともいわない。現物が問題なんです。きまって、『大丈夫か、こりゃ』と来る。『いついつまでにこうこうしろ』と厳命する。直すまで許してくれない。解決するまで夜も眠れなくなるんです」（中略）「他の物とちがって、食物と車は命にかかわるからな。妥協はできん。『妥協するならやめろ』と、いつもどなってきた」「あるとき叱られながら数えていたら、三十分に三〇回、バカヤローとどなられた」（中略）

「もういいから、明日から出てくるな」というのも、本田の口癖のひとつであった。どなるだけでなく、若いときには手も出た。スパナがとんだこともある。副社長だった西田通弘にいわせれば、「会社をやめようと思ったことが五〇回ほどある」と。もっとも、そうし

て雷を落としてしまえば、後はからっとしていた。後くされの残ることがない。むしろ、本田自身が悔やんだ。「次の日会うと、オヤジさんは口には出さぬが、わるかったなという顔をしている。気の毒というか、おかしいくらい」と西田。本田もいう。「どなった後、自分がいやでたまらぬから、次の日しょんぼりしている。その態度で、オヤジがしょげてると、向こうはわかってくれたようだ」

　昭和30年頃の話しだが、親方と小僧との関係もこのようなものであったことは想像に難くない。人を教育するということは世の中が良く分かっていなくては出来ない。高等科の生徒は大半こうした状態に直面せねばならないからである。そして、本田氏の激しい怒鳴りの中には、誰かれの区別なく皆に対して早く一人前以上になって欲しいという太い太い温情の表れがあったから、人を引き付け、茨の道に厳然と挑む多くの社員を生み出したと言えると思う。

　私共が師と仰ぐ人は、私共の本質の中にある無限の可能性（潜在意識）をも引き出してくれる能力のある人でなければならない。無理を強いる。叱咤する。引き上げる。打ち砕く、苦痛や悲喜を共にする。時には優しい言葉も掛ける。時には勇猛心、時には慈悲心をもって、我々の心の改造を図ってくれねばならない。駄駄子に迎合していては人は育たない。そして、自らを正し（正論を貫く）、他を正し、いかなる問にも、こと教育に関連したものであれば答えられる能力を持ち、前後の事情をよく理解し、公平、無私でなければならない。

　我々にとって現状は、はなはだ苦に満ちたものである。生き抜くための努力も苦であれば、行詰まりを打破することも苦であ

り、漸進(ゆっくり進むこと)は苦の連続である。従って我々は我等に無理を強いる者、怒鳴る者、打ち砕いてくれる者の言葉に耳を傾けねばならない。それが教師であったり、上司であったり、父母兄姉であったりするわけである。

続好意と非好意

　高等2年になった時、担任の先生はかわって欲しいと心から願っていたが、同じ先生であったのでがっかりした。そして、先生の態度は変わっていなかった。

　　一、大正11年(1922年)
　　　9カ国条約
　　　海軍軍縮条約成立

　この年2年生だけで新たに野球部が編成され、私はセンターを守ることになった。七尾、鹿島地区で当時野球部のあったのは七尾男児校にある2チームの他は何処もなく、このBチームと徳田駅前の種畜場の広場で、夏のある日練習試合をしたが、負けてしまった。次いで、初秋のある日七尾中学の野球部の計らいで七尾中学のグラウンドで七尾男児校のA、B両チームと対戦することになり、まず先日負けたBチームと対戦した。
　鳥屋のチームでは負けられない一戦であった。我々が1点リードで迎えた9回表はBチームの攻撃で、1死後ランナーをセカンドにおいて、センターオーバーの大フライを打たれた。私は、必死になって後退し、辛うじてそれを捕り、セカンドへ送球、ゲッ

ツーが成功、ゲームセットとなり辛勝することができた。続いてAチームと対戦したが、鳥屋の投手は連投だったため疲れ等で負けてしまった。

その日、七尾中学では全能登の小学校（高等科も含め）の対抗相撲大会が開かれていた。

鳥屋はエントリーはしていなかったが、七尾中学野球部の世話で大会に出場することができた。私と外2人が出場し、私は勝ったが他の2人は負けたので上位進出は出来なかった。

その翌日、野球部の9人が集まっている教室へ、先生はモナカ入れの箱を持ってこられ、誰か分けるように言われた。先生は毎日七尾から自転車で通っておられ、その日もモナカ入りの紙箱を自転車の荷台に乗せてこられたので、モナカはひどく毀れていて満足な形をしたものは2〜3個位しかなかった。これでは誰も手を出す者はいない。この難役は私に当たるなあと嫌な予感がしていた。案の定、私に当たってしまった。まず、先生に満足な形をしたものをあげ、後はでたらめに分けた。最後になって私の分はなかった。

隣に座っていた友達は「お前の分はないではないか」と大きな声を出したので弱ってしまった。

「いいよ、こんなに毀れているので仕方がないよ」と答えていた。先生の合図で皆食べだしたが私は退席したいのを耐えていた。

我が身が見すぼらしく今までにこんなことに遭ったことがなかっただけに、世の中はまだまだひどいだろうと考えていた。

話は、当然のことながら前日の試合のことになってしまった。そして、「小山、お前は良くあの球を取ったなあ。あれが外れてい

たらホームランとなり、負けていたかも分からない。」と、口々に言ってくれたが、先生は一言も触れられなく悲しい思いがした。喜びも悲しみも共に味わう師弟の間柄でないと教育は出来ないのではないかと思った。

　秋の学校は溌剌（はつらつ）（生き生きとして元気のよいさま）としていた。それは、運動会を意義あるようにするため、全校生も先生も一丸となって工夫を凝らしているからである。私も遊びで鍛えた運動神経は発達していると自負していたので、飛ぶことも走ることも得意としていた。特に２年生だけしかやらない軍事訓練は全員にきびきびした行動が要求され、折からの旺盛な軍国思想の影響もあって、見物人にも好意を持って迎えられていた。私は、第３小隊長に選ばれ訓練を重ねていたが、運動会の直前になり理由も言われずに分隊長に格下げされてしまった。

　これは、私にとって大変なショックであった。その後も先生の私に対する態度は悪意に満ちたものであった。

　もう、これではいくら頑張ってもどうにもならないと思い、３学期は病気を理由に休んでしまった。何にも知らない父母は、頭が痛いと言うので逆らわなかった。１年半にもわたり執拗に追い詰められたのは、前記の原因だとすれば、私も演出のまずさからの先生の誤解に基づくものであったわけであり、現代風に言えば、登校拒否に及んでしまったわけである。

　一般的に言って指導者は何事によらず被指導者に無条件服従を求めたり、恐怖を抱かせたりしてはならない。もし、対立するところがあれば、指導者と被指導者とは同一レベルでないことの自覚が必要であり、さらに自己啓発を重ね自己の正しさが立証できた段階で被指導者に対して指導者の正しさを生かしていかなけれ

ばならない。

　この場合でも大切なことは、双方が立つように手段を回していかねばならない。ましてや、正しさが立証できていない段階で、いきなり、謝ったり、謝らせたり、徒(いたずら)に怒ったり、貶(けな)したり、抑圧したり、暴力に訴えたりしてはならない。我を捨てて和を重んじ、高度な知性を持って被指導者に接し、態度や言葉使いを慎重にして被指導者の心をほぐしていくことが指導者にとっては大切なことである。そして、深浅(しんせん)の差はあっても人は特有の価値を持っているもので、その、価値を見出してやるのが指導者の任務である。

　指導者にも被指導者にも言えることは、たった一人だけの自分、たった一度だけの人生、自分を生かすことができなかったら人間に生まれた甲斐がない。こだわりは、すべて捨てて、法、真理に従って生きる大道を選ばなければならない。

　釈迦は「人の性は善でもなく悪でもなく無色なり。白紙でどうにでもなる。教えねばならない。またどこまでも学ばねばならない」と。

　他の過(あやまち)を見るなかれ。他の作(な)さざるを責むるなかれ。おのがなにを如何に作せしかを自らに問うべし。

　自分が相手の立場であったらどうするであろうかと考えたとき、そこには争いも起こらず、また怒りも起こらない。そのためには自分は必ずしも相手より優れているわけでもなければ、正しいわけでもないという反省が必要なのである。そう言って反省の起こるのは自分は愚かであるという自覚を前提としていなければならないと。

　聖徳太子は「十七条憲法の第十条に、我必ずしも聖に非ず、彼必ずしも愚に非ず、共に是凡夫のみ」と。

第1章　真金道　65

孔子「内を省みて疚しくなければ何を懼れ何を憂えん」と。
「ありとある悪を作さず、ありとある善きことを行い、己の心を清めんこそみ仏の教えなり」と。

第2章　京城鉄道学校運転科（技術系）入学

　この、休学は2〜3日で終わってしまった。学校を休んでいる時、満鉄の鉄嶺機関区長を定年前にやめ、朝鮮京畿道素砂（京城・仁川間の中間）に大きな果樹園を営んでいる叔父から、京城にある満鉄経営の京城鉄道学校運転科（技術系）へ入学しないか、もし、希望ならばすぐ渡鮮せよ、と連絡が入った。

　ただし、同校卒業後は、満鉄採用となるほか、在学中は月10〜12.5円の貸与金が支給されるので、九州、四国、中国辺りから、受験生が殺到し、30名の定員に対し毎年平均約500名以上の受験希望者がいて、倍率は16〜17倍ということであった。

　受験までは1.5カ月しかない。これでは受験勉強なしで受験ということと同然だ。ただ、数学だけは自信があった。国語もそう悪くはないが、歴史、理科、地理には自信がない。高等科で、まごまごしていたのが悔やまれてならなかった。

　豆腐屋への丁稚奉公の考えはすぐ消えた。当時は、国策である大陸への進出も若人にとっては一つの夢であった。満鉄の職員になれば、それが叶えられることになる。夢は、大きいほど良いと考え不安はあったが受験を決意した。そして、受験のための学校の手続きをとった。朝鮮への旅は長旅ではあるが苦にならなかった。そしてすぐ出発の準備にとりかかった。理数系には自信があり、真金道（鉄道）こそは最適の道と確信するに至った。

　一、大正12年（1923年）　　関東大震災

二、大正13年（1924年）　　メートル法実施
　　　　　　　　　　　　　　第二次護憲運動
　三、大正14年（1925年）　　ラジオ放送始まる
　　　　　　　　　　　　　　治安維持法制定
　　　　　　　　　　　　　　選挙法改正（普通）

（1）別離の苦

　出発の日は、親類や近所の人々がたくさん見送りに来てくれた。出発の時刻が迫ってくるに従い、さすがに弱気になってしまった。明治維新に先鞭をとった先進西日本勢と後進北陸出身者との戦いの不安もさることながら、年老いた父母との別れを真剣に考えていなかった。父は、横座に座り2〜3人の男の人と話していたが、チラッ、チラッと私を見ていた。母は、全く落着きを失っているかに見え、あっちへ行ったり、こっちへ来たりしていた。
　私は、卒業式に着るのだといって母が丹精込めて縫ってくれた紺の新しい着物と羽織を着、途中で外すこととした袴をつけ、新しいゴムの短靴を履いて出かける準備を終えていた。
　出発時刻が来たので、父と母及び見送りの人々に頭を下げて挨拶をし、行って来ますと言うや否や走り出していた。涙の顔は誰にも見られたくなかった。村はずれまで送ると言って大勢の人がゾロゾロと歩き出していた。母は、この人たちと私の中間を俯き加減で歩いていた。母の心中はよく分かった。人目がなければ抱きしめてやりたい気持ちであっただろう。その反面、子のため子離れこそ大事だと俯き加減あったと思う。

仏教では、三界は皆苦であると言って、四苦、八苦をあげ、その中に愛別離苦も含まれており、別離の苦はまた格別である。私も、こんなつらいものなら渡鮮をやめて今すぐ母の胸に抱かれたいとも思ったが、伸びるためには親離れも大事だと心に誓った。
　村境で後ろを向いて大きく手を振った。母は立ち止まって私の方をじいっと見つめていた。この母の姿が現世での最後の姿になろうとは私には知る由もなかったが、母には予感めいたものがあったのではなかろうか。母の態度は痛く胸を突いていた。
　そして、母は、その年の8月27日永遠の旅へ旅立ってしまった。

　　いのちだに心にかなふ物ならば、
　　何かわかれの悲しからまし。

　一寸先は闇である。誰も明日の命は保証してくれない。だから別れは辛いのだと。これは、遣唐使の母の作と言われていて胸に迫るものがある。三日三晩かからねば帰られない所は旅立つ息子に対する母の憶いは同じものであったろうと思う。
　暁烏敏は、「十億の人に十億の母はあれど、わたしの母にまさる母はありなん。」と。この言葉は、誰にでも通じる言葉と思う。

(2) 叔　父

　叔父の住所である素砂には同名の鉄道の駅があり、駅から徒歩で5分位のところに叔父の家があり、駅からはポプラ並木を通してこの家を見ることができた。
　叔父は満鉄退職前に夫人を亡くしておられたが、秀才の面影を

残しておられ達筆で葉書を左手に持ち上げ、筆に十分墨を含ませて一気に認め、我々を驚かしておられた。この叔父も私が専門部在学中に他界されてしまわれた。

(3) 入学試験

　鉄道学校の入学試験は受験生が多く予備試験と本試験に分けて行われ、一日目は、算術と国語の試験があり、二日目は休み、三日目の朝、本試験受験者を予備試験の成績に従い合格予定者の二倍以内に絞り込んで発表し、その日の中に地理、歴史、理科の試験と体格検査及び面接が行われ、合否は葉書によって通知されことになっていた。

(4) 入　学

　試験当日は、叔父が駅まで見送ってくれた。叔父の三男が中学受験の日とは違い、私が馴れない土地だからと気遣ってくれたと思い、何だか良い日になりそうな気がしてうれしかった。駅では駅の助役と挨拶を交わされ、助役の弟も受験すると紹介され、副島と言って私よりは二歳以上も年上のようであった。
　学校は、京城府漢江通というところにあり、府内の竜山駅に下車した。駅は木造の大きな欧州の寺院のような感じのものであった。駅を一歩出ると右側に木造の大きな建物があり、それが満鉄の鉄道管理局で、その背後と両側に社宅がたくさん並んでいた。100ｍ位進んだところで電車通りがあり、少し進むと両側に社宅がずらりと立ち並んでいた。こんな情景は見たことはないので気

後れしてしまった。

　さらに100ｍ位進むと左側に赤煉瓦二階建の大きな校舎があり、右側は大きなグラウンドになっていた。校舎の中央に玄関があり、玄関を入ると中庭に出、校舎の両袖にも教室があった。中庭を通ると大きな武道場に出、100ｍ位廊下を進むと700名位収容できる寄宿舎に到達する。

　この学校は全寮制なので全校生が収容できるようになっていた。

　第一次合格発表は校舎と寄宿舎との間の廊下の外側に受験番号で示されていた。書くだけ書いたが合否の見当は全くついていなかった。むしろ、私のように受験勉強をほとんどしていない者に神は味方するとは思っていなかった。

　そのため、番号を間違えてしまい不合格と思い帰りかけたが、番号を再度確認して合格と分かった時は本当に嬉しかった。

　こんなポカは、一生のうち数回繰り返したと思う。そして、第二次合格の通知を学校から受け取ったときは本当だろうかと思ったくらいであった。叔父は、すぐ両親宛に合格の電報を打つこと。さらに、小学校の校長宛にも葉書を書くよう指示してくれた。

　大正12年4月（1923年）入学してみて驚いたことは、高等二年卒ですぐ入学した者は全クラス生30名中6名、そのほかは1〜3浪といった具合で最年長者は20才だったと思う。

　通学生は私一人だった。叔父のはからいで身体が小さいので寮生活は無理だと特別に願い出たためである。

　学校では、教諭はそれぞれ専門の科目を分担しておられるので、生徒との特別関係は生ぜず、快適な勉強ができた。入学してしばらくたった頃、大森代数教諭が、このクラスで数学が一番で

きるのは小山だと言われ、数学には自信があっただけに数学で入学できたのだなと思った。また、このことが、後日鉄道省教習所専門部への入所受験へと駆り立てて行ったと思う。

休憩時間には中庭に鶏卵大の石が敷き詰めてあったので、その上に腰を下ろして休んでいることが多く、雨天の場合は武道場の、柔道の畳の上に寝転がっていることが多かった。

年の差が大きいので、時には身体が大きく力の強い子が無理を言うことがあった。ある時余り執拗なので、いきなり投げ飛ばし押さえ込んでしまったことがあった。その次には、押さえ込んで始業ベルが鳴っても離さず、ほかの同級生がヤキモキしていても離さない。約10分して離し教室へ入ったところ、加藤英語教諭が、小さい者をイジメないようにと相手の生徒に注意しておられた。その後は、小山は柔道を知っているということで大きな生徒も無理なことはしなくなった。

イジメと言ってもチョッカイをかける程度で、暴力を揮(ふる)ったり聞くに耐えない暴言を吐くというものではなかった。

母の死

前述のようにこの年、大正12年（1923年）の8月27日、私の最も大事な母は永眠してしまった。

私の学業は緒に就いたばかりなので心残りであったろうと思った。

電報が着いたのは27日の夕方おそくであり、叔父も二人の従兄弟も優しく気配りして慰めてくれた。早目に床に入った。大陸的な気候である朝鮮の8月末の夕は涼しく、母が最後に縫ってくれ

た着物を出し、寝巻代わりに頭から被り床の中で泣いた。14才の私にとって母は全てであった。腕白でガキ大将であった私を叱りもせず、優しく見守ってくれた母。その母はもうこの世にはおられない。話をすることも身体を触ることもできない。

　こんなことがあってよいものかと胸が張り裂ける思いがし、頭の中がからっぽになり何も考えることができず、ただ現実の冷酷さに泣いた。

　神仏に逆らいながらも無常すぎる仕打ちを恨めしく思った。泣きじゃくり眠ったらしく目が覚めたのは夜明け近くであった。余り泣いては亡くなった人は成仏できなくなるとかつて聞いたことを思い出し、私が泣けば母も泣くであろう。そして成仏できなくなると大変と思い、じっと我慢することにした。

父の病気

　父の病が重いと長姉から知らせて来たので２年生の夏中休暇を利用して帰郷した。小さなことには拘らず寡黙（かもく）で一面剛毅（ごうき）な父ではあったが、穏やかな顔付きで床に就いておられるのを見ると寂しさがひしひしと感じられた。父は母に大きく依存していたのと、まさか母に先立たれるとは思ってもみなかったようで、母の死により生きる気力を全く失ってしまったようであった。

　私は小学校３年生頃までは冬の寒い日には父の寝床へ潜り込んで温めてもらった思い出があり、子煩悩でもあったと思っている。

　久し振りに３番目の姉と私と父と枕を並べて数日床に就いたが、父は、優しい眼差しで我々を眺めておられたのが忘れられない。

しかし、別れの日が迫り、もうこれが最後で現世では逢うことができないと思えば、声も出ず挨拶もろくにしないまま家を出てしまった。
　間もなく叔母（父の妹）の家へ嫁いでいる長姉が叔母と相談の上、父を引き取り、二人で懇ろに父を看病していると連絡があり、そして、大正14年1月16日父は永眠したと電報で知らせて来た。
　父の死はかねてから覚悟はしていた。長い闘病生活は苦しいものであったろうが妹と娘に看取られ満足であったろうと思い心も休まった。しかし、もうこの世には居られないのだと思えば母の場合と同様悲しさと寂しさに打ちひしがれてしまった。母の場合と違ったのは多少心に余裕があり、いろいろな思い出が浮かんでは消えていき、それにつれて涙はとめどなく流れた。ただ父の場合は最愛の母との再会が待っているのだと思えば、自然に心も和むのであった。そして、父のためにも泣くのはよそう。強く生きようと決心したのである。

　　　大正14年（1925年）　　　ラジオ放送始まる
　　　　　　　　　　　　　　　治安維持法制定
　　　　　　　　　　　　　　　選挙法改正（普通）

朝鮮総督府鉄道局創設

　大正14年4月1日（1925年）鉄道は、満鉄の管理を離れ朝鮮総督府鉄道局として独立することになった。それと同時に鉄道学校も移管となり、官立学校では学費の貸与制度はないというので、甲種中等学校と同資格で朝鮮総督府鉄道従業員養成所と名称だけ

が変更されることになった。これには、激しく抵抗したが学校令によるということでどうにもならなかった。

寄宿舎へ入る

　三年生になってから機関車に乗る実習が増えたので寄宿舎へ入ることになった。私の入った室は、三年生3人、二年生2人、一年生1人となった。実は、この年度から土木科の募集が中止となったので本来ならば各年2人ずつ6人一室となるところ変則となったのである。

　新入生が入って来て合同の歓迎式が済んだ翌日、運転科の一年生が運転科の三年生に呼ばれて"気合"を入れられたらしい。これは、当時どこにでもあることで言わば先輩からの伝統のようなものであった。

　そんなことを知らない私は、これをイジメととり、説教ならば各室長でやれば良いと思っていた。

　その翌日も「行って来ます」と言って挨拶をして室を出ようとした一年生に「自習時間だ、どこへ行く」と私は呼びかけた。「三年生に呼ばれています」「それなら行く必要はない」と私は言ってしまった。他の三年生、二年生は吃驚して私の顔を見た。さらに、私はもう一度「行く必要はない」とダメ押しをやってしまった。

　一年生はモジモジしていたが他の室員は何も言わず沈黙していた。そこへ、隣室の一年生が、「迎えに行って来いと言われて来た、遅いから行こう」と言って私の室の一年生を誘っていった。

　この同僚に対し、私の室の一年生は「小山さんが行く必要はな

いと言っているので行かない」と伝えた。

　このことが三年生に伝わったから大変なことになった。この三年生とは、クラスでは暴れ者の異名を取っている副島であった。

　彼の腕力は相当なもので放課後等には寄宿舎の前のグラウンドで、よく砲丸投げをして鍛えていた。私の室は一階で彼の室はその真上の二階であり、彼の「小山、上がって来い」という彼独特の怒鳴り声は全寮に響きわたると思われる程のものであった。

　これは、エライことになったなと思った。不用意に小学校時代を思い出し、イジメはやめさせようとばかりに言ってしまい後悔したがおそかった。彼は必ず下りて来て暴力を揮うと覚悟していた。

　ただ彼とは受験のため素砂駅を出発の際お互いに健闘を誓い合ってから好意的関係にあったこと及び、小山には迂闊にも手を出すなと言われていることを、彼はどう評価するかにかかっている、とも思った。

　結局何事も起こらずその後一年生の呼び出しもなくなった。しかし、実のところこのことの功罪は分からないと思っている。

問題の機構学

　三年になって皆が一番難しいと思ったのは機構学であった。学校の成績は、一年から三年までの通算で、一科目でも40点以下をとると平均点は如何に良くとも、40点以下のない者より序列が下ることになる。だから機構学の試験は苦痛の種であった。

　三学期の機構学の出題は2題あり、1題目は何とか解いたが、2題目は時間不足で今一歩と言うところで答案を提出しなければな

らなくなった。点の配分を四分六分と見て２題目にどの位加算してくれるかで50点はとれたと思っていた。次が昼食の時間であり私が最後に答案を出したので支障がないと考え、先生に１題目の答えを聞いて驚いた。

　私の答えとは違っていた。そして、先生は、黒板にすらすらと解答を示してくだされた。それを見てまた驚いた。先生の方が公式の一部を間違えて計算しておられたことが分かったが、調子に乗じて「先生、クラス全員一人も赤点のないようにしてください」と。どうも、私には余計なことをする癖があり、先生は、困られたと思う。

第3章　朝鮮総督府鉄道局就職

(1) 龍山機関区　勤務

　大正15年3月31日に鉄道従業員養成所運転科を卒業し、大正15年4月1日、朝鮮総督府鉄道局龍山機関区機関方として採用された。

　つまり、機関車の缶焚きであるが、機関車には余り乗らず、雑用にまわされていた。

(2) 入　営

　私は、昭和3年8月兵隊検査を受け甲種合格となり、金沢輜重隊へ入隊することになった。

　　一、昭和2年（1927年）
　　　　金融恐慌起こる、山東出兵、蒋介石の国民政府成立
　　　　英米ジュネーブ軍縮会議
　　二、昭和3年（1928年）
　　　　最初の普通選挙実施、治安維持法強化、共産党検挙
　　　　満州某重大事件、不戦条約に参加
　　三、昭和4年（1929年）
　　　　ウォール街取引所大暴落、世界経済恐慌始まる

入　隊

　私は、昭和3年11月2日、一旦龍山機関区を退職し、金沢輜重第九大隊（駄馬部隊）第二中隊幹部候補生として入隊した。候補生は、一中隊12名、二中隊12名であった。名にし負う軍隊のことであり覚悟はしていたが、気が気ではなかった。第二中隊の直接の関係者は次の通りであった。
・教官（一、二中隊幹部候補生全員共通）
　　今村中尉（騎兵学校から帰ったばかり）
・内務班長　　中田軍曹
・班（候補生班）付上等兵　　児玉上等兵
・厩舎(きゅうしゃ)班長（二中隊は4班に分かれており、小山、山本、井波の各候補生は2班に配属となった）酒井軍曹

　貸与されたものは次の通り。
　服は、外出用、演習用、作業用（白で馬の手入れの際に着る）が各1着、下着類各2着、外套(がいとう)、外被で、寝台の後方の棚に綺麗にたたんで重ねてあった。靴は、長靴（牛革）で外出用は、まあまあであったが、演習用は脛(すね)の部分が垂れさがり、継ぎだらけで、ひどく変形しており靴とは名ばかりで、靴に足を合わせて履かねばならず、当時変形した足の爪は、いまだに治っていない。銃は、三八式騎銃で長剣を着けることになっていた。
　寝台は、巾2尺余、長さ7尺ぐらいで、毛布6枚、包布1枚、枕1個あり、まず寝台の上に白い包布を敷きその上へ毛布を広げて、1枚ずつ重ね左右を藁布団(わらふとん)の下へ折り込み封筒のようなものを作り、その中へ入って寝るのであった。この作業は二人共同で寝台

の前後に分かれて行い、片づけるときも二人共同で寝台の上へたたんで載せることになっていた。

　食費は、自分持ちで年240円前払で、小遣(こづか)いを合わせて最低400円は必要であった。入隊する直前の月給は60円を少し出た程度だったから大変であった。

　入隊した最初の晩の明け方、つまり11月3日午前5時、非常呼集の喇叭(らっぱ)で起こされた。普通は6時起床だったと思っている。さすがにやるもんだな、先が思いやられると思った。

　幹部候補生は作業服を着用し、営庭で点呼を受けた後厩舎へ集合せよと。私共2班の三人は2中隊の厩舎へ向かって駆け出した。二人以上で行動を起こすときは誰かが号令をかけねばならなくなっていた。

　「目標第2中隊厩舎駆け足進め」と。厩舎へ着くと待ち構えていた上等兵から作業の方法の説明を受けた。

　これから乗馬の手入れの方法を教える。
1.　馬を厩舎の外へ連れ出し水槽の水を呑ませる。連れ出すときは馬の手綱を解いて手綱を持って連れ出すのだが、だまって馬の尻に近づくと蹴られるので、オーラと声をかける。そうすると馬は尻を片側へ寄せ入りやすくしてくれる。
2.　連れ出すときは、手綱を持って馬の前に立って馬を見ないで歩き出すこと。
3.　馬の尻毛の白い布は蹴り癖、前髪の白い布は咬む癖、尻毛の赤い布は虚弱体質を示しているので注意すること。
4.　水を呑ませるとき馬の喉に手を当てゴクゴクと水を呑む回数をしらべる。10回以上になるよう注意して呑ませる。呑み量

が足りないと馬は腹痛を起こすので気を付けること。
5、水を呑んだら厩舎の外の馬繋場へ順次繋ぐこと。
6、全部の馬を繋ぎ終わったら馬の寝藁を全部引出し廊下に積み重ねること。これは、素手でやるので大小便はつくが我慢すること。
7、寝藁を引出し終わったら、馬繋場の馬の足を水で洗い、時に蹄鉄の間にはまっている馬糞は綺麗に出し洗うこと。これを怠ると足が腐ってしまうので気を付けること。そして、爪に油を塗ってやること。
8、全身にブラシをかけてやる。
9、それが終わったら逐次厩舎へ入れ尻を廊下の方にして繋ぐこと。

これが毎朝の課業である。

昼は、昼食の前に馬を水呑み場に連れ出し水を呑ませて元の所へ繋いでおく。

夕方は馬に水を呑ませた後、一旦馬繋場に繋いでおき、寝藁を入れた後厩舎で繋ぐこと。

2班には乗馬が20頭ほどおり、新兵が入隊するまでわれわれ3人が毎日この課業を繰り返すことになった。食事当番に一人当たらねばならないので4日に1日は二人でやることになる。馬には馴れていたが寝藁の始末や爪を洗うのは初体験であった。

訓練と内務

この頃の毎日の日課は、乗馬訓練であった。私に与えられた馬は花園と言って老齢に近い黒い馬で、口角が固くなってしまって

いるので長方形の馬場のコーナーを近道して廻るずるさを知っていて普通の手綱ではどうしようもなく、班長もそのことをよく承知していながら馬に乗せられているとよく言われた。

　入隊して1週間目位でチフスその他の病気の予防注射を打った。

　軍医は、翌日まで絶対安静を指示したので、馬の手入れをしなくともよいと思い一同大喜び。40度近い発熱に耐えながら寝台で寝ていた。

　夕方になると班付上等兵が入ってきて、「幹部候補生は何をしている、馬の手入せずに誰がするのか」と怒鳴られた。エライ剣幕に一同吃驚(きっきょう)。

　直属の上官だから軍医の言われたことは通用しない。40度近い発熱でフラフラしながら馬の手入をした。注射は2回打ったが2回ともこの始末であった。やはり、娑婆(しゃば)とは違うところがあると思った。

　今一の違う点は無闇に腹の減ることだった。朝の食事は馬の手入後であったから、麦飯も味噌汁も冷たく冷めきっており、汁の如きは中身と汁とが分かれてしまっていたが、それでもうまかった。

　夕食後、酒盛が開かれ十銭で豌豆餅(えんどうもち)が5個買われたが、すぐ売り切れになり、なかなか買われなかった。ある時、行列に2回ついて10個買い一度に食べてしまったこともあった。しかし、どういうわけか翌年つまり昭和4年5月頃からは腹が減らなくなり、年末の除隊頃になるとご飯が余るようになった。もう一つ変わったことは班付上等兵の食器を誰が洗うかということであった。私の座席は上等兵に一番近かったが、私の食べ終わるのが一番遅く大

抵大男の林候補生が洗っていたようだった。

一番嫌なことは、屋根だけで粉雪の舞い込んでくる洗濯場で水槽の氷を割って、赤くなった手を吹きながらする洗濯であった。

以上は、幹部候補生だったからまだ優しかったので、一般の兵隊として入隊すれば気合入れ等もたびたびおこなわれるため、軍隊生活を終えねば一人前になれないとよく言われた。

(3) 検　閲

入隊した翌年の３月の中ごろであった。第１期の師団長の検閲が野田練兵場で午前中に行われるということで輜重隊をあげて緊張した。連日の降雨で野田の練兵場は水田と化していた。教官の今村中尉は、１、２両中隊の幹部候補生24名で西軍として部隊を編成し、練兵場で中田内務班長の率いる２年兵によって編成された東軍を迎え撃つという遭遇戦の想定が示された。

練兵場の入り口付近には、師団長や幕僚等数十人が乗馬で検閲の任についておられた。輜重隊の隊長以下将校全員が乗馬で参観のため集まっておられた。

今村中尉は師団長に向かい、「幹部候補生には、虚弱者も含まれているので寝撃のところ膝撃にしたい」と。これは当時としては大変な勇気ある進言であったと思う。しかし、師団長は、「ならぬ」と、しわがれた声で答えられた。

今村中尉は西軍に対し次のごとく命令を下した。「今村中尉は、24名中18名を率いて東軍を野田練兵場において迎え撃つ。小山候補生は残り、５名を率いてこれを援護せよ」と。

青天の霹靂、驚いたのは私である。事前に打ち合わせも何もな

く、また具体的にどうせよという部隊長からの命令もなかった。その上、師団長、幕僚の眼前である。小学校時代から軍事訓練はうけていたが戦闘教練はやったことがなく、入隊後も学科にしても実科にしても歩兵のするようなことはやっていなかった。何かが狂っていると思った。そんな私にはお構いなく、部隊長はサッサッと18名を率いて練兵場へと駆け足で行ってしまった。

　こうなったからには何かやらねばならない。

　隊長の後を追ったのでは弾は撃てないばかりか相手の流れ弾を受けることになる。咄嗟に頭に浮かんだのは練兵隊と民家の境界を流れている小川のことである。多分水は満水状態にあると思ったが、そんなことはかまっておられない。5人の前へ進み出て、「小山分隊は野田練兵場の横の小川を通り東軍の側面を攻撃する。駆け足進め」と命令を出して駆け出し、東軍の半ば側面を攻撃した。

　小川で水浸しになった上、田圃の中の寝撃で全員ズブ濡れになったばかりか泥まみれになってしまった。西軍の本隊の追撃が余りにも早かったため綺麗な形になる前に戦いは終わり残念であったが、理解されたと思う。

　午後は、雨中での梱包演習となった。

　夜間は、駄馬を率いて粟崎まで午後梱包した物資を運搬する演習であったが、降雨は続いていた。午前、午後と2回にわたりズブ濡れとなってしまったので夜間演習には着るものがなく、午前中濡れたものをそのまま上から下まで着るほかならなかった。

　3月の中旬の雨天の日暮れ時では、まだ残寒が感じられ、しばらくは身振いが止まらなかった。

　粟崎までは、往復20粁（km）以上と思われるが、途中から雨は上がったものの、翌朝大隊へ帰着したときは衣類も乾いてしま

う程の強行軍であった。
　帰隊した日は練兵休であり、珍しく晴れ上がったので、許可を得て、大隊の崖下を流れる犀川辺りで濡れた全衣服の洗濯をした。この思い出は一生忘れられないだろう。

　為せば成る、為さねばならぬ何事も、成らぬは人の為さぬなりけり。

　そして、星が一つ増えて1等兵になった。
　7月中頃であった。富山県城端にある練兵場で1週間の予定で演習をするため出かけることになった。これは例年の行事であったが、同時にくわしく発表されていないので余り知られていないが、かつて輜重第九大隊は城端近くの五箇山で遭難し、その犠牲者の慰霊祭にも参列したいというものであった。二中隊の幹部候補生班で一分隊を作り、私は分隊長に任命される等で、今村教官には特別好意的に扱ってもらったと思っている。

教官の更迭

　8月の初めであったと思う。教官が代わり、自動車学校から帰ったばかりの1中隊の吉村中尉となった。私にとっては今村中尉は、おとっつぁん的な存在であったが、吉村中尉は気のおけない存在となり、これではいけないと思ったが、どうもうまくいかない。何かなしぎこちなく、毎日が不快の連続であった。双方に好意的気持ちの欠如があったと言えると思った。
　そんなある日、教官が休まれ、代わって隊付の佐藤少佐が教育

に当たられた。どうして知っておられたのか、私に、両中隊の幹部候補生23名の馬場教練の指揮を一日中とるよう命令された。情報子の練名を持っていた同僚は、「小山は佐藤少佐のお気に入りだなあ」と遠慮のない批評をしていた。

(4) 馬の合わない中隊長代理

　幹部候補生及び2年兵の総仕上げとなる富山県下で行われる秋季演習が近づいていた。候補生は、それぞれの指揮の下で師団の演習を見学の傍、独自の想定により演習をすることになった。二中隊は、中隊長が自動車学校へ出向されていたので最古参の上条中尉が中隊長代理に服しておられたので、二中隊の幹部候補生は上条中尉の指揮を受けることになった。

　上条中尉は、赤ら顔で始終酒気を漂わせているかのように見受けられる風貌の人であった。豪快そうに見えたが、私に対しては何故か偏見を持っているようで辛く当たられた。

　演習参加に当たって、輜重第九大隊に中隊幹部候補生と書いた木製の立札を持参することになった。これには、一同驚いてしまい馬鹿げたことだと思ったが反対はできない。一同「あの札は誰がもっていくのかなあ」小山「心配するな。俺に決まってるではないか」、一同「そうだなあ」と。

　私の予感は的中した。かつて高等科2年の時、モナカの分配を命じられた時といい、今回といい嫌な予感が的中するのには驚いてしまった。幹部候補生は乗馬で参加した。そして、この札の持ちあるきは2日目から中止になった。誰の目にも変に見えたに違いない。

暴虎氷河
<small>ぼうこひょうが</small>

　ここで一つの問題が発生した。私と、富山県出身の井波候補生とが道路偵察を中隊長代理から命ぜられたのである。井波候補生は、人と話をするとき常にニコニコしているように見え、普段ならそれでも良いが、説教されている時もそのように見えるので、誤解されやすく、彼は随分と損をしていた。そんなわけで、嫌われ者二人が隊列を離れ別行動をとることになった。これはまた、我々にとってはまたとない好都合となったので喜んで命に服した。

　道路は、5万分の1の地図で点線に示されていたので、果たしてあるのかないのか分からないというものである。関係の村落や山川や寺院の名称は忘れてしまったので、当時の記憶をたどり次図を作成した。

　夜間の偵察であったため、周囲の展望はできていない。

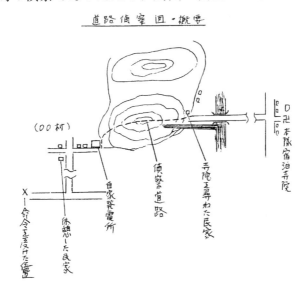

命令を受けたのは午後の4時頃であったが、雨が降っており薄暗かった。そこで夕食をとるために民家を訪ね休憩を依頼した。

　茅葺の平屋の大きな家の中から母娘らしい二人の人が現われ快諾され、お茶の接待を受けた。鄙には珍しく行儀の正しい、色の白い綺麗な母娘で家の佇からして源氏物語を彷彿させるものがあった。

　偵察する道路のことを聞いたが、あの山にはそんな道はありません。雨も降っているし今晩はここに泊まって明日寺院へ行くようにと強い調子で言われた。

　命令なのだからどんなことが起きようと通らねばならないと言い張ると、「それでは、この辻を右へ曲ると小さな発電所があるから、そこの人に聞いてみられれば、道があるかどうか分かります」と。

　我々も馬たちも腹拵（はらこしらえ）を十分にし、過分なる好意を謝して発電所へと向かった。午後5時過ぎであったが、外はすっかり暗くなっていた。

　発電所はすぐ分かり、中年の男性が一人働いておられた。委細を話すと、「トンデモナイことだ、ずっと昔はこの横から細い道があったらしいが、今は全然跡もない。兎さえも通ることはできないだろう。それを馬など連れては絶対通れない」と厳しい顔をして答えてくだされた。しかし、このままでは帰れない。合議の結果、発電所の横から登ることにした。馬を連れ、騎銃を背負い腰には長刀という完全武装では一歩も踏み込むことを許さない状況は現地を見てよく分かった。

　「井波、下馬して徒歩だ。お前は懐中電灯が駄目と言っていたが、俺のも完全ではないがどうにかつくので俺が先頭を行く。お

前は俺の馬の尻尾でも掴んでついて来てくれ。俺の馬は蹴癖があるが、この状態はよく分かってくれると思う。それではいくぞ」と言ってピシャッと、ジャングルで鎖<ruby>とざ</ruby>された道のない道へ踏み込んでいった。ようやく人が通れるよう道を作っても馬はなかなか通れない。長刀の鞘ごとで手当たり次第に薙倒し悪戦苦闘している様を見てか、噛む蹴る癖のあるあばれ馬も実におとなしく付いてきた。

　雨中では星ひとつ見えず、たとえ星が出ていても見ることはできない状況にあり、進む方向は勘に頼るほかはなかった。どのくらい進んだか分からないが、急に眼前が開け平坦地へ出ることができた。山の頂上らしく、ジャングルは切り開かれていた。

　時計を見たら2時であった。約8時間あるき通したのである。

「井波、俺の馬を持っておってくれ。俺は降りる道を探して来るから」と言って馬の手綱を井波に渡し、方々を探したが、道は見当たらなかった。雨はほとんど上がっていた。ここで野宿かと天を仰いで嘆息していると、微かに電線のようなものが見えた。懐中電灯を照らしたが、良く見えない。どうも電線らしい。今登って来た道をそのまま進めばよいと直感した。

「井波、そのまま前進だ。どこへ出るかわからないが、民家のあるところへ出られるだろう」と。

　しばらく行くと、断崖であることが分かった。馬は蹄鉄をつけているから滑り出したら止まらない。それを食い止めてやらねばならない。

「井波、大丈夫か。馬を背負って断崖を降りた武将がいたぞ。馬を余り滑らせて調子をつけると止まらないぞ。馬を背負うつもりで頑張れよ、右側へ寄らず、なるべく左側へ寄るようにせよ」と。

第3章　朝鮮総督府鉄道局就職　89

源義経の鵯越(ひよどりごえ)の古事を思い出し、必ず平地へ降りられると確信していたが、右側の相当深いところで激流が噛み合って発するのであろう大きな音を出している。ゴーゴーという物凄い音は地獄の響きに聞きとれた。この流れが眼前に現れれば万事休すとなり、一巻の終わりとなると思えば足は前へ出なくなってしまい、恐らく日中であればこんな冒険はしなかっただろう。
　頂上で野営するのが最善の策であったと後悔すること頻であった。
　ようやく難所は切り抜けたらしく、地勢は緩い坂道に変わった。運よく左側に人家があるらしく微かな明かりが見えた。近付くと人家であり、静かに戸を叩き「道に迷っている者で道を教えてもらいたい」と。
　30才位の男の人が、寝間着姿で現れ、我々を見て吃驚していた。
　そして、どこから来たかと問われたので、〇〇村から裏の山を通って横の断崖を降りて来たと答えると、「言下にそんなことはできるがはずがない。」と言って怪訝そうに我々の上から下まで数回、見上げ見下ろしておられ、そして、「軍隊の下士さんだね」と言われたので、金沢輜重九大隊の幹部候補生と言うと、初めて信用してくれ、D寺院への道を教えてもらえた。
　D寺院へ入ったのは、午前7時頃であった。直ちに中隊長代理へ、「兎といえども通ることのできない程で道は全くなかった」と報告した。中隊長代理は頷(うなず)き「ご苦労であった。ここで、しばらく休むこと。本隊は、直ちに出発し今晩は××泊りだから、それに合流すること」と。思えば12時間死闘を続け生還できただけでも嬉しく、偏に神仏の加護があったればこそと思っていたのに、今日一日自由行動となり、二人は飛び上がって喜んだ。

ところで、情報子曰く「中隊長代理は近所の人々の情報により、心配の余り昨夜は一睡もしていない。朝7時までに来なかったら救援隊を出す準備を整えておられた。わしは、中隊長代理に、あの二人は班きっての猛者で殺しても死ぬようなものではない。安心して休んでくださいと進言したが遂に夜をあかしてしまわれた」と。

軍隊の遭難事故

　軍隊の遭難事故として輜重九大隊のものがあるが、余り知られていない。有名なのは青森県八甲田山の遭難である。
　明治35年1月20日完全武装した弘前歩兵第31連隊第一大隊第二中隊中隊長福島泰蔵以下38名が八甲田山へ向かって出発した。
　ところが、同1月23日青森第5連隊第二大隊大隊長山口少佐の率いる将兵約200名も八甲田山目指して出発した。
　両部隊には何等の連絡もなく従って双方とも何にも知らずに出発した。
　福島中隊長は、地理学に精通しており、日露開戦を予想して冬山攻略の必要を痛感し、内外の資料を蒐集し、あるいは、幾多の体験を重ね用意万端を整え、時に嚮導（案内人）を使うなどして、兎にも角にも八甲田山雪中踏破を実現させられた。
　山口隊は、40名の踏雪隊を先頭にして、最後尾は、橇（そり）による大小行李の輸送隊となっていた。燧（火うち）山の峻坂（険しい坂）が、一行の前に立ちはだかった。その上、天候が急変し燧山の上で橇を放棄せざるを得なかった。そして、田代温泉を目指して行軍を続けたが、吹雪は烈しさを増し、一寸先も分からなくなった。

山口隊は、露営地選定のため設営隊を派遣したが、いくら待っても帰ってこなかった。

　そこで、その場で露営したが風烈しく炊事も暖を取ることもできず、まんじりともせず夜を明かしたが、夜が明けても一寸先も定かでない猛吹雪の中へ踏み込んでゆき死の彷徨が始まり、全員に近い遭難死となり、一大悲劇として青史に刻まれた。（新田次郎著『八甲田山死の彷徨』より）

　両者を比較した場合、後者には明らかに準備不足、経験不足、研究不足、認識不足のあったことは否めず、その以後この尊い犠牲が冬山登山に多くの教訓を与えていると思う。特に山口隊の吹雪の中の露営には雪の砦を造る等、方法はあったのではあるまいか。

　この両者と我々の行動とは比較にもならず、我々の暴虎氷河の謗りは免れることはできないであろう。道路偵察としての節度。例えば、情報の蒐集、調査研究、緻密な計画等規範となるべきものを定めておくことを痛感した事件でもあった。未知に対する挑戦は、いくら研究し準備をしても十分とは言えないが、さりとして石橋を叩いてなお渡らないというのも考え過ぎと思う。偵察とは冒険ということと思っている。

一時除隊

　いよいよ除隊となる2～3日前に私は、中隊長代理を迎えてのお別れ会を提案した。反対はなかったが、皆は私の腹中を計り兼ねていたようである。当日簡単な挨拶が終わったが、何だか湿っぽい。私に、拘っているなと思った。

私が杯と銚子を持って中隊長代理の前に座ると、2～3人が同席した。やっぱり心配してくれているんだなあと思った。
　中隊長代理は私を見て座り直し、「小山候補生には済まなかった。去年の候補生で夏川は箸にも棒にもかからない者であった。君は夏川にそっくりなので弟だと思った。思い違いをして済まなかった。」と。
　夏川と書いた服が私の貸与された服の中にあった。同席した面々は「小山よかったなあ」と。そして、情報子曰く「問題を起こしては双方の損と思ったが何事も起こらなくてよかった」と。これも全ては彼の考えたことと思われた。私は、割り切れない思いであったが、先日の道路偵察の際、中隊長代理は、救援隊を準備し一睡もしなかったと聞いた時から他意はなかったのだと考えるようになっていた。
　その後は、会話も弾み心残りのないお別れ会を終えることができた。

再度入隊

　昭和4年11月30日に一旦除隊し、12月1日龍山機関区へ復帰し、翌5年6月1日に再度龍山機関区を退職し、見習士官としてさらに同隊へ入隊、教官は陸大卒の米山中佐で実力者であった。
　図上演習や実地演習を重ね同年11月30日除隊。12月1日龍山機関区へ復帰し、昭和7年4月1日に正八位陸軍輜重兵少尉として任官した。
　私は、どうして各も烈しい好き嫌いに直面しなくてはならないのか。こちらから上司を選り好みする訳にはいかないのだから、

こちらが上司に好かれるようにしなければならないのに一度もその努力をしたことがない。それどころか感情を露わにしてしまう。つまり、欠点はこちらにあるのだ。

その欠点を直し、何よりも実力を充分身につけ、発揮して行くことが良い関係を築く元になると考えた。

　一、昭和5年（1930年）
　　金輸出解禁、ロンドン海軍軍縮会議
　二、昭和6年（1931年）
　　満州事変起こる、金輸出再禁止、
　　太平洋戦争の道をふみだす
　三、昭和7年（1932年）
　　5・15事件起こる、満州国を承認
　四、昭和8年（1933年）
　　国際連盟を脱退、神兵隊事件、京大瀧川事件
　　ドイツ国際連盟脱退
　五、昭和9年（1934年）
　　ワシントン条約廃棄
　　ヒトラー、ドイツ総統となる

(5) 結　婚

昭和7年の暮れに叔父から暇があったら来るようにと葉書が届いた。こんなことは滅多にないので暇を作って出かけた。叔父は、「お前の嫁をもらってきた。写真はこれだ。わしも歳だから達者なうちに嫁を世話せねばと相談なしに決めて来た」と。

これにはさすがに驚いてしまった。何の準備もないのに、その上そんな資格はまだないと断ったが、叔父は、もらってしまったのだから今さら断れない。この機会を外したら嫁はもらえないかも分からないと付け加えた。
　私は余計なことだ。嫁なら自分でもらうと思い腹立たしくなった。
　聞いてみると、叔父は嫁探しのため、わざわざ内地まで出かけたらしい。内地で泊まるのは、能登一の薬種問屋で、そこのおばばに一切を依頼したらしい。このおばばは、私も３～４回あっており、気心の良い人であった。おばばは、裁縫習いに通っている娘４～５人が毎日家の前を通るのでその中に一人良い娘がいるから見たらということになった。
　そうして、待っているところへ目指す相手が薬を求めて入ってきた。こんなことは、これまでは一度もなかったので、叔父をはじめ皆驚いたらしい。そこで、若奥様がわざわざ、いろいろと相手になられ、観察し、全員一致で即座に候補に決定した。叔父は、羽織袴の正装でその娘の両親に会い承諾してもらうため出向いたところ、遂には話が弾み娘の意向もなんのそので結婚の日取りまで決めてしまい、周囲の者はあっけにとられてしまったということであり、縁があればこそと喜んでいるというわけであった。
　娘の父は、能登島生まれの士族の出身で、若い頃は海軍の下士官として日露戦争にも参戦、金鵄勲章をもらっており、目下は七尾で食堂を経営している。母は、七尾在池﨑の広い山林を持った素封家で、長年村長を務めていた人の娘ということであり、この人は、男２人（兄と弟）、女４人きょうだいの長女であるとのことであった。この人は、七尾高女卒で、背丈は高く、顔はやや細め

で、目は大きくパッチリしており、鼻筋は通っていて高く、現代的な美人形であり、和裁と池坊の生け花は、共に準師範級とのことであった。

仲人口上ではなく叔父自身のしらべた結果だというので信用せざるを得なかった。

そして、昭和8年4月に25才で、私より6才年下の崎田正能と結婚したのであるが、私には過ぎた女房と思っている。

先祖は落人か

後から聞いた話であるが、岳父の姓は前出の崎田であり、先祖は、能登島の須崎に住んでいた。子供たちが家の中で「かくれん坊」をして遊んでいて奥の座敷へ入ると、決まって両隅から甲冑に身を固めた武士がたくさん現われるので、その部屋には入らないようにしている。また、村祭りの際、神主が乗馬のままではその家の前は通れず、必ず下馬して馬を引いて通らねば通れなかった。さらに、お産は納屋でなければならなかった等。また島の人々も先祖は武士であったと。

それを裏付けるかのように一向一揆に参加していることが、石崎の菩提寺の過去帳に記されている。

終戦後、この家は、いろいろ問題が多いからと建て替えられたが、その時、たくさんの壺が出てきたそうである。前出の武士がたくさん現れるとは、小泉八雲の「耳なし芳一」の小説を彷彿たらしめるもので、子供には作為はなく平家一門の落人が住みついていたとも想像される。

(6) 東京鉄道局教習所専門部機械科を目指す

　昭和5年12月1日、龍山機関区へ復職してからの第1の目標は、東京鉄道局教習所専門部機械科委託聴講生試験の受験であった。
　この受験資格は、鉄道の実務経験2年以上、甲種中等学校卒業程度の学力となっていた。だから、中学校卒を19才としても兵役関係があるので、最短を考えても24才以上でないと受験できないことになる。
　私は、昭和7年（24才）、昭和8年（25才）の2回受験したが、失敗した。昭和8年までに鉄道学校と従事員養成所と合計した運転科の卒業生は約300名としても、この内から委託聴講生になった者は2名しかいなかった。
　叔父は、2回目の試験には合格するものと思い、嫁の世話を急に思い立ったものと思われたので、不合格を知らせると、叔父「これからどうするのだ」「3人目が決まるまで来年も、その翌年も受けたい」叔父「そうか」と言って機嫌を取り戻していたようである。
　試験問題は鉄道省で出し、朝鮮鉄道では、平均60点以上、1科目でも40点以下があれば不合格となる。数学は難問、奇問ばかりで大抵の者は、これに引っかかってしまう。
　その上、実業学校出は英語の力が不足していた。

合　格

　昭和9年（26才）で3回目の試験に合格した。ここ数年間一人も派遣されていなかったので受験生は25名に膨れ上がっていた。

教習所は、池袋にあり、国鉄池袋駅から近かったが、建物が森の中に点々としてあり閑静な所であった。寄宿舎も完備していた。機械科生は、国鉄30名、朝鮮1名、台湾2名、中華民国3名、計36名で、年齢は、23才〜30才であった。鉄道省でも浪人が多いようであった。
　講師陣は素晴らしかった。微分、積分、高等代数は横浜高等工業学校渡辺教授、高等物理は同校池内教授（博士）、解析は文理科大杉村教授、動水力学は東京工業大松本教授で、専門部は専門学校なので、基礎学の講師には教授でなければならなかったわけであり、専門部門の講師は本省のエキスパートであった。

講　義

　渡辺教授の講義はユニークなもので本人は微積の教科書を出版されていたが、それを使わずに、原書（当時11円と教科書中ずば抜けて高価であった）を使うことになった。理由は出題が多く宿題を出すのに好都合と。
　微積高等代数、解析は機械、電気、土木の生徒が同時に受講するため合併教室（120〜130人収容）を使用していたが、前と後に教室の幅一杯にわたる大きな黒板が吊るしてあり、渡辺教授は、授業開始と同時に宿題として出していた番号を黒板一杯に書き並べると、皆競ってその番号の下に解答を書き自分の名前も書いておく。こうすることにより、たとえ本番の試験に失敗しても日頃の努力を考慮に入れるというのであった。ただ、毎回のように1〜2題、誰も手を付けないものがある。それは、難しいので、そこが私の狙いであり誰も出る者がいないのを見定めて悠々と競う

ことなく解答を書くことにしていた。
　昭和9年5月5日長男誕生。

卒　業

　昭和11年3月31日、卒業し、龍山機関区へ出頭すると安藤機関区長は、「中教（以前は中央教習所と言っていた）出は成績が悪くてと言われていたのに吃驚してしまい、確かに国鉄には人材が多いと思った」。しかし、「なんですか」と反問せざるを得なかった。「いやいや君ではないけれど」と。
　私の2年間の通算平均点数は82点余で全席次の4番目（委託生は別席次になっていたため平均点数で序列をつけた）であり、業務科の岡田氏は銀時計をもらうという抜群の成績であった。彼は、養成所も同期であり、専門部卒業後、文官試験に合格し、サッサと副参事になってしまった逸材であった。
　安藤機関区長は、何と言っておられるのか。一人虚を伝え万人実を伝うの金言があり、後味の悪い思いをしいている。

東京にて

　東京の生活は、思ったより楽に入り込めた。
　まず、下宿はその年卒業した業務課の人の机等を引き継いで、芙蓉館と言う下宿専門館へ入ることができた。そこは教習所へ歩いて10分ばかりの所であり、通学時間の節約となるので、国鉄の同僚に負けたくないと意気込んでいた私に勇気を与えてくれた。
　暑中休暇は、8月1日～8月31日で、9月からは妻と生まれたば

かりの長男と同居することにした。そして、幸運にも教習所から歩いて30分程の長崎村で2戸続きの新築したばかりの一戸を借り受け、入居した。

　しばらく経ってから妻の妹の好子氏が上京して来たので、しばらくの日曜ごとに3人、否4人で東京見物をすることにした。宮城、明治神宮、明治神宮外苑、銀座、浅草、有楽町、日比谷界隈、デパート、四十七士の墓、乃木神社の参詣、歌舞伎座、有楽座（谷八重子）の観劇、日光等であった。

　好子氏の上京がなかったら、こんな緻密な計画は立てなかったと思うし、妻にとっても久し振りに充実した日々であったと思う。この好子氏には私より一足先に引き揚げた妻子が大変な世話になったと聞いており、持ちつ持たれつの世の中だと、つくづく考えている。

(7) 平壌機関区へ転勤

　昭和11年4月9日、平壌機関区の技術掛に任命された。その日の夜行列車で赴任し、平壌駅頭に着いたのは朝露の立ち込める午前4時頃であった。

　まだ暗いので夜明けを待とうとプラットホームへ降りたったところへ、闇の中から数十人が駆けて来て「小山さんですね」と言って、どうぞと荷物を持ってくれて案内されたのが田中機関区運転助役の官舎であった。助役はじめ技術掛や他の事務員等大勢集まっておられ、そのうち増沢機関区長も来られたのには恐縮してしまった。

　特に、開放的で面白いなと思ったのは、赤壁（当時は有名であっ

た）の芸者という人が朝早いのに芸者姿で田中助役の奥さんと屈託のない話を親しげにしていたことである。

　平壌機関区の運転室の人々は他には見られない粋人が多いのだと思い、肩の凝りがやわらいだ気がした。これは、田中助役の私に対する配慮であると深く感謝した。

食中毒

　その年の9月、機関車の給水所の設備調査に出かけた。
　順川の給水所を調査し、熙川分区（平壌機関区分区）を調査し、そこの業務員宿舎で一泊。翌日古仁給水所を調査するため、朝、熙川発8時頃の汽車に乗った。古仁までは2時間位の距離であったが、途中腹具合が悪くなり汽車の便所を2回程使った。
　駅から給水所までは徒歩で10分位の道程であったが腹痛のため途中、畑の中へ倒れ込んでしまった。激烈な腹痛と絶え間のない下痢で断末魔の苦しみであった。出迎えていた給水所の掛員は吃驚してしまい、医者は居ないし薬はないしと、オロオロしていた。全く何もない孤島のようなものでどうしようもない。
　苦しい息の中でようやく梅汁があったらと言うと少し持ってきてくれたが利き目はなかった。キリキリと痛むので呼吸もできないくらい。
　妻子のことは頭を過ぎったが、もう我慢ができなくなった。丸くなって横向きに寝ていたが思い切って仰向けになって思い切り足を伸ばしてみたが、楽になれなかった。
　初秋の空は高く青く一点の曇りもなかった。遥かに見える高い山の頂は銀色にまばゆい程に光輝いていた。浄土や仏の来迎が思

い出された。

　下痢が止まり、痛みが和らいだので、時計を見たら午後2時を過ぎていたので4時間程度痛み通したことになる。そして、よく考えてみると何分間か、何十分間か失神状態に近い状態にあったと思う。

　そこで、峠は越したと思ったので、3時の平壌行の旅客列車に乗り帰ることにした。上着とズボンは外していたので異状なかったが、下着類は全部だめで、幸いにも持ち合わせがあったので取り替えた。助けられて汽車に乗り込んだ。

　熙川駅では、分区の人が大勢出ていてくれた。その中には昨夜泊まった宿舎の主人の顔も見えた。医者もおられ簡単な診察を行い大丈夫と言われ注射を1本してもらった。平壌へ着いた頃にはだいぶよくなっていたが、大勢の機関区員が戸板を持って待ち受けてくれていたのには驚いてしまった。無理に戸板に乗せられたくさんの人に支えられ家に着いた。

　このような不祥事を起こしながらも多くの人々に親身も及ばぬ配慮に預り、深謝するばかりであった。

(8) 平壌鉄道事務所へ転勤

　翌昭和12年3月29日、平壌鉄道事務所運転係へ転任した。
　業務は、平壌機関区、定州機関区の機関車乗務員の仕業と機関車の運用及び事故の調査報告を司るもので、ほかに約10日に1度退庁時より翌朝出勤まで（当日が休日なら朝出勤時から翌朝出勤時まで）列車の運行状態の整理を行い、その結果を運転課列車係（本局）へ報告しなければならないというもので、繁忙な仕事で

あった。

昭和12年5月12日二男誕生。

生まれたのが当日の朝方であったが、私は生憎、列車整理のため勤務中であり、新米なので代わりを呼び出すことをしなかったため、妻子に気の毒なことをしたと思っているが、当時はこれが当たり前だった。

日支事変

昭和12年7月、北京郊外盧溝橋付近で、日本軍と中国軍との衝突事故が起き、これをきっかけに日中は全面的な戦争状態へと発展していった。当然のことながら大陸への懸け橋的な存在であった朝鮮総督府鉄道の幹線、京釜・京義線は軍事輸送に塗りつぶされてしまった。

8月に入ってから大雨の日が幾日も続き、京義線の白馬駅の上方にある白馬ダムが決壊して白馬川にかかっている鉄橋の橋桁が破壊され列車が不通となってしまった。同時に、通信網にも故障が生じてきたため網の目のように運行していた軍用列車の所在が分からなくなってしまった。その上、数日にわたって停電していた機関車では水がなくなるという不測の事態も起きる等、これらを調査し運転再開に漕ぎつけるまでには運転係全員1週間の徹夜となってしまい、元山鉄道事務所から木村係が私の応援のため派遣されるという一幕もあった。

我々運転係の軍用列車への直接の対応は、平壌駅における見廻りと列車の添乗による輸送の安全の拡充で、極力余暇をつくって、これに当たれよと言うことであった。

こうした業務から受けた感想は、現役の兵士の場合はキビキビしていて頼もしいというものだったが、予備、後備兵士となると中には、こんな人でよいのかと思う人もいたり、極端なのは、「弾は前からばかり来ると思うなよ………」と上官に聞こえよがしに囁く兵士もいて悲しく思ったことがある。しかし、次のように私の認識不足を指摘した事件が発生した。

　平壌駅で私が見廻りをしていた時、出発したばかりの軍用列車の窓際にかつての戦友山本少尉の姿が見えた。彼は、幹部候補生の同期で廐舎は同じ２班であり、寝台は隣り合っていた関係で最も親しい間柄でもあった。調べてみると、彼の乗車している列車は安東で１～２日待機することが分かった。私は、事情を話して同僚に次の列車の添乗業務を変わってもらうことにし、家へ帰り、いくらかの金を集めて持った。「お金を持っているかね、少し位なら持っているぞ」と皆が親切に言ってくれた。「有難う。今家へ行ってかき集めて来たので多分足りると思う」と。安東へ着いて差し当たりの分として煙草10個求めた。鉄道の管轄は違っていても制服を着ておれば差別はなかった。駅で確かめたところ列車の停車位置はすぐ分かった。

　そこへ行くと偶然、彼は列車から降りてきた。

　「山本少尉、久し振りだね」と万感を込めて言ったが、彼は一瞬驚いた様子で私を眺め「久し振りだね」と熱のない返事に驚いてしまった。「ここでしばらく待機のようだが町へでも行って一休みしようじゃないか」。「いや、今友達と一緒に町へ行くところだ」。そこへ同僚の少尉が降りて来て町の方へ出かけようとしたので「何にも持っていないのでこれは煙草で」と言って出した。彼は、それを受け取って町の方へ出かけて行ってしまった。

私は、名状し難い気持ちになった。そうだ。我々の戦友としての友情はもうとっくに失せてしまっているのだ。今、彼に必要なのは生死を共に誓ったであろう運命共同体的な同僚なのだ。一切を捨てて戦場へ赴く我々の心はお前達銃後の者に分かってたまるか。また、愛する者たちとの別れ、それも、生きて再び逢える保証は何もない。顔で笑って心で泣いているなど想像もつくまいと言いたげな様子であった。異境に立つに従いこの感情が爆発的に彼の胸に迫ったものと思う。この上は、ただ彼の武運長久を心から祈るばかりと思い帰路についた。
　弱い者、虐に対する反抗も時にはやむを得ないという考えは幼少の頃から持っていたので、この戦争はやむを得ないと考えていた。そして、令状が来れば、私も当然進んで出征する覚悟でいた。岳父からも、刀身に龍の彫刻のある津田越前守助広の名刀に軍装を施し軍刀としたものを送ってきていた。元、海軍軍人として期するところがあってのことと思い、私も決意を新たにしていた。
　ただ、戦争はなぜ起きるのか、敵も味方も愛する者との別離の苦しみ悲しみは死以上のものであることは知っているはずなのに殺し合わせ、殺し合わねばならないとは。二度と生まれ出られない娑婆なのに20代、30代の若さで散って行かねばならない、こんなことがあってよいのだろうか。人命は地球よりも重いと言った人がいた。それなのに今も戦争が止んでいない。先生は、地位も財産も生命さえも常住でない、大事なことは、我欲を捨て本心に立ち向かえることだと言っている。この理を忘れた瞬間、主脳の頭に悪魔が住み付き殺戮が始められる。そして、人間の歴史は戦争の歴史と言わしめるに至っていて、恥じる者は少ない。

事故調査

　列車の遅延事故は毎日1～2件あり、その他の事故も少なくはなかったが印象に残ったものをあげてみたい。
　その1
　鎮南浦駅構内で貨車の入れ替え作業中、貨車が脱線したので調査するよう斉木運転主任から命ぜられた。駅へ着き関係者と話し中、仕事仲間である操車掛が機関士を口汚く乱暴だと罵っており、ちょっと腹に据え兼ねた。乱暴であったか否かは調査してみれば分かることで、操車掛としては言い過ぎと思った。現地を詳細に調査の結果、ポイントの轍叉(てつさ)の上で車輪を急激に発進させたり、停車させたりすると車輪が轍叉(てつさ)の隙間から異線へ進入する可能性があり、脱線するのだと結論づけ、帰って義経保線係へ真相調査方依頼したところ、最近の鉄道省でもそれを立証した報告書を発表していると伝えてきたと。従来こうした事故は機関士の運転ミスと処理されており、そのため今回も、操車掛は責任なしを主張のあまり必要以上のことを言ってしまったことになる。
　結局、轍叉(てつさ)上に車輌の流れに変化を与えるような操車を行わないよう厳重操車掛へ注意することで事故処理は終わった。
　その2
　12月28日、定州駅構内側線で貨車が脱線しているから調査するよう命ぜられた。脱線したのは満鉄の無蓋貨車で石炭を満載していた。車輪を調査したが異状はなかった。
　結局、軌条間の距離が標準より開いていたためで、当日保線区長が、もし厳冬でなかったら軌条は押し広げられていたかもしれないが、押し広げられずに済んだという一言が致命傷となった。

この事故がなかったら、100万粁（Km）無事故で表彰されていたはずと、私は、どんなことでもよい老保線区長を救う手があったら申し出て欲しい、そのまま採用するからと、義経保線係へ伝えたが、遂に出ず、このまま処理せざるを得なかった。

斉木運転主任

　私の直属の上司斉木運転主任は旅順工科学堂出身で将来を大いに嘱望されていた一人である。私が提出する事故報告書は直截、簡明でよく書けていると常に激賞され、それまでは、私は、理数科系に興味を持っていたが文科系は不得意と思っていただけに意外に思った。お蔭で本局運転課へ転勤後、すぐ機関車が検修のため京城工場へ入出場する規定を自信を持って改正に当たり、そのため京城工場の窓口上なっていた後藤資材担当と個人的にも昵懇（じっこん）となり、後述するように３回にわたり常識を越えた援助が得られたのである。

　また主任とは、平壌機関区熙川分区視察に同行することができ、同区視察後、町へ流れ込んでいる大きな川の上流の、透明度100％で川底の砂利が数えられる深淵（しんえん）で泳ぎながら、主任が近々上梓（じょうし）される予定の機関車の制動機に関する本について上司と部下との隔たりを越えて遠慮のない討論を行うなど、思い出の深い良い人であった。

　事故調査についての私の立場は検事と弁護士の二役に当たり、そのうえ最終判決は大抵の場合、私の報告通りとなるわけで、現場にとっては怖い存在になっていたが、それだけに調査は科学的な裏付を必要としており、私情は挾まず冷酷の評は甘受しなけれ

ばならなかった。しかし、人を裁くということはどんなに重大視しても十分とは言えないと感じた。

(9) 本局運転課へ転勤

　私は、昭和13年8月15日本局運転課車輛係へ転任した。

　　一、昭和10年（1935年）
　　　　天皇機関説問題
　　　　相沢事件
　　　　ドイツ再軍備宣言
　　二、昭和11年（1936年）
　　　　二・二六事件起こる
　　　　日独坊共協定締結
　　三、昭和12年（1937年）
　　　　日中戦争起こる
　　　　文化勲章の制度始まる
　　四、昭和13年（1938年）
　　　　国家総動員法を施く
　　五、昭和14年（1939年）
　　　　海南島占領
　　　　ノモンハン事件
　　　　日英東京会談
　　　　第二次世界大戦始まる

　最初に手がけたのは、既述の機関車が検修のため京城工場へ出

入（入場、出場と言っていた）のための取扱い規定の改正であった。これは、機関区の方が余り責任を持たないようになっていたので、これでは機関区の機関車に対する検修の技術が低下するばかりだと気付き、機関区はそれなりに機関車の検修に対し日頃から厳重な管理を行い、京城工場で検修を必要とする箇所は内容を具体的に依頼し責任を持つことに改め、工場側の負担を軽減させるものであった。

　工場側の窓口は後藤担当で、後日私の機関区再建等に絶大なる協力を得られたのもこのお蔭と思われた。

① 帝国議会予算案を初めて作成

　その後車輌係は、第1と第2に分かれ、第2は合理化に対する予算関係が主たる業務になった。これは、運転課としては画期的な考えで、面目にかけても成功させねばならないものであった。

　そのために、係長は、長岡清一郎氏で、技師で東大工学部出身、運転課長も同じく東大工学部出身の参山参一郎氏で勅任技師と言われ、運転系の最高の人事となっていた。

　改正の動機は、鉄道省も同様であったが運転系は、改良工事のすべてを改良課に任せきっていて予算には最も暗く、改良課の宛行扶持(あてがいぶち)で甘んじていたが、かくてはならじと一大決心をし、運転課で改良工事予算獲得の火蓋を切ったのである。

　そして、私は運転課車輌第二係となり、機関区関係を担当し、橋本が検車区（各貨車）関係を担当することになった。ところが、期せずして運輸課（駅関係）も改良工事予算の獲得を宣言したのである。

　そこで、運転と運輸が共同歩調をとることは最も望ましいこと

であり協力を誓い合ったが、両課共手元には何一つとして資料はなく、全く無から有を出さねばならない状況であった。

1. 予算は初めて手掛ける者ばかりなので、予算調書の作成方を知らなければならない。
2. 予算の根拠を明白にしなければならない。
3. 来年12月の帝国議会に提出するとすれば、来年5月までに予算調書は完成させねばならない。それまでに、半年しかない。

などを打合せ、予算の根拠とは列車数がどうなるかであり、ただ推定では説得力に乏しい。議論の末、私が列車予定数を決定するよう一任された。

　前例のないことを一任されたのだから大変、万一基礎的資料の不都合、または、不備により予算調書提出不能となれば、私は、責任を取っただけでは済まされなくなる。とは言ってもどの程度のものを作らねばならないのか誰も予想さえもつかない。ただ、無心で無我の状態で一切を捨て、只管(ひたすら)仕事の成就に全力を尽くすことにした。今にして思えば、これが創造性の発揮に結び付いたのであろう。

列車数の査定

1. 主要駅における過去10年間の旅客及び貨物の転量の推移の比率を調査する。これは大変な仕事量である。
2. 1の数値を基準とし最小自乗法をつかって京釜京義本線は昭和15年から5年間、その他の線は昭和20年から5年間の各

年の必要輸送量を算出する。

3. 　当時の列車の状況は、大陸直通列車、主要本線における1～2本の旅客列車以外は、客車と貨物の混合列車であったが、計画ではこの客車と貨物とを分離し、大陸直通列車、ローカル急行旅客列車、ローカル普通旅客列車、貨物列車に区分した。これは、一係員としては越権だが敢行した。
4. 　旅客列車の輸送量を定員の60％、貨物列車の輸送量を牽引力90％と決定した。これも独断で定めた。
5. 　主要線のターミナル、ステーション近くには操車場を設けた。
6. 　以上により、各年、各線の列車数は単純なる一元一次方程式で算出できるのである。

　この列車数により私は、新設する機関区の位置大きさ、拡大する機関区の拡大の程度、橋本氏は、検車区について、業務担当は駅及び操車場についてそれぞれ予算調書を作成した。

② 運転課長審査

　昭和14年5月の始めにまず機関区関係の運転課長審査が行われることになったので、準備していた膨大な資料を関係者へ配布した。京釜本線（釜山＝京城）京義本線（京城＝新義州）だけとってみても次のようになっていた。（機関区をABC級に分類した）

　　これまでは　　A級機関区4
　　　　　　　　　B級機関区3　であった。

　　新設予定　　　A級機関区3
　　　　　　　　　B級機関区2

　　　　　C級機関区1　となる。

従業員予定数　A級　1500名前後
　　　　　　　B級　1000名前後
　　　　　　　C級　 200名前後

　既設の機関区の拡張やその他新設の機関区を考えると現状の2倍以上の規模となるのである。反面、現状は極めて窮屈な状況にあることの立証にもなり、運転系で合理化予算を作成せざるを得なかった理由も理解されたと思っていた。
　ところが、関係部署、特に列車係長から大変な苦情が寄せられた。「こんな天文学的な予算が通ると思っているのか、馬鹿げてるにもほどがある」と。
　現状を肯定的にみるか、我慢のできない程度とみるか、運転系では後者とみて、膨大な裏付けにより、それを立証したのにそれが認められないとなると、私の責任の重大さを考え、生きた心地がしなかった。
　作為的に作ったのではないと胸を張ってみたが、分かってもらえなければ説明のしようがないと思った。
　いよいよ当日となった。課長のほか、庶務、車輛第一、車輛第二、列車の運転系各係長の外特輸の係長並びに運転系の各係担当者等20名程度課長室に集合した。本来ならば私は胸を張って出席していたはずだが、俎板の鯉で小さくなっていたが、説明役として課長の横に座らされた。
　課長は、今から機関区関係の設備予算の審議を開始すると宣言され、いきなり、私に、「何故に旅客列車の乗車率を60％にした。」

と尋ねた。私は、この瞬間助かったと直感した。この点は列車数査定の上で最も重要なものの一つで、ここまで突っ込んで来られれば列車数の査定には十分理解されておられると判断したからである。私は、「普通ならば55％としたいところですが、朝鮮鉄道の現状では一挙にそこまで持って行くことには無理があると思いましたので」と。

　課長は「ウーン、そうだろうな」と。そして、暫く資料を見ておられたが課長は「わしの質問はそれだけだ、ほかに何かあったら質問してほしい」と。つい先まで喧々諤々と騒いでいたのに、咳をする者もおらず黙ってしまった。

　課長は、一同を見渡しておられたが「質問がないようだら審議会はこれで打ち切る。この案を運転課案として提出することにする。」と。

　10分間位で審議会は終わった。課長は、この膨大な資料に一応目を通されたと思うと、胸が詰まり涙が出て止まらなかった。それにしても、命令を受けてから月々火水木金々と働き、正月元旦も家族を無視して働いても、なお日数が足りない位で、土曜日の午後退庁の時はタイガーの計算器を抱えて帰り、月曜の朝はそれを抱えて出勤し、2人の助手を3人にしてもらい頑張り通し、何もいらない。今日のこの一瞬のためだったと思うと呆然としてしまった。

　つまり、自己を捨て仕事の成就に全力を尽くし、幾多の創造性の発揮に恵まれ、仕事が完成し一気に気の弛みが出たわけである。

　そして、妻もよく協力してくれたと思った。だんだん気難しくなる夫、遊びたい盛りの子供、その中へ入って気苦労は絶えな

かったはずである。
　そんなことを思っているとき林庶務係長が入って来られ、「小山は居るか、オオ、お前、1週間の休暇をやるから東来温泉で休養するよう課長決裁を得たから」と、我が事のように喜んでおられた。こんなことは初めて聞いたことで、運転課の歴史では初めての終わりであったと思う。
　実は、しばらく前に咸興鉄道局の内田運転部長が小山は倒れるかもしれないと崎山運転課長へ進言されたと聞いていたが、このようにして崎山運転課長、長岡運転課車輌第二係長、運転課庶務係長、咸局運転部長等の方々の支えによりこの画期的な偉業は完成されたと思う。

運転課車輌第二係長

　長岡運転課車輌第二係長は、東京帝国大学工学部出身で京城帝国大学の講師も兼ねておられた。
　機関車の性能別、牽引重量別、区間別（駅間）の組み合わせ図式による合理的な運転時間算出方式を決定されて、全区間の運転時間を改正されたほか、多くの合理化を図られ、次期運転課長の呼び声の高い人であった。また、温厚な人柄は、人々に好印象を与えておられた。ある時、私に「あなたは、もし大卒であったら良い仕事をされたであろう」と言って学閥偏重を皮肉っておられた。
　引揚げ後は鉄道省機関車課長の要職についておられ、たまたま上京したので、お訪ねしたところ非常に喜ばれ、終戦直後の何もないときに茶菓のご馳走をうけ「先日、七尾機関区へ行ったが、

あなたは退職された後であり、区長は、良い人だったと褒めていましたよ」と温顔に笑みを湛えておられた。

そして「神話に八岐大蛇退治の話があるが、あれは老農夫妻が耕作能力も尽き果て、せっかくの畑も熊笹に覆われてしまい悲しんでいるのを素盞鳴尊が見られ、酒ではなく農薬で熊笹を退治したということを意味している。将来は農薬の必要を示唆した物語であり、わしは、これから農薬の研究をしたいと思う」と張り切っておられたのに、無情にも、その後いくばくもなくして他界されたと聞き悲嘆に暮れてしまったが、本当に良い人であった。

運転課庶務係長

満鉄が京城鉄道学校を創設するとき、その一角に全従業員のため日本でも屈指の図書館を設立された。その官庁の林靖一氏は管理実務では日本一の折紙がついており、図書の守の威名で良く知られていた。この図書館に3人の女子事務員が働いており、揃いの袴姿でいつも一緒に出退庁しているのがよく見受けられた。私が養成所3年のときニキビ面の数人がこの女性たちをからかったとかで図書の守の逆鱗に触れ、温厚な岡村養成所長へ強談判に及んで一層その潔癖性の人柄を印象づけていた。

その人が庶務係長になられると聞いて驚いてしまった。全く異色の人事だったが、名図書館長で名を馳せていた人だけに文書に対する拘り方は大変なのと、書類の整理整頓は殊の外喧しく皆音をあげてしまったが、既述の通り男女同権を先取りした民主的思考の人であったので一同の信頼も厚かった。

私が、かかる長に「今晩の汽車で釜山機関区へ転勤します」と

挨拶すると「オー良いところへ来た、これを立案してくれ」とある問題を指示された。筋違いの指示だが仕方がないと思い深く考えずにさらさらと書き提出したところ「なんだこれは」と突き返されてしまい、5回目になると退庁時間も迫り気持ちが釜山機関区へ向かってしまっていて、そぞろになっており、なかなかまとまりがつかない。どうにでもなれ。これで最後だと思って提出すると「よう耐えた。どんな小さな問題でもすぐ出さねばならないとき以外は、2、3日経って読み返してみて修正するところがなければ提出すること。

事柄に対する表現方法はどんなに工夫してもこれで十分と言うものはない。皆我慢して読んでいるだけだ。5回も書き直してよく分かってくれたと思うが、お前だからできたと思う」と大笑いされた。

係長は、もう小山の文章は見ることもないだろうと強烈な垂訓(すいくん)を考えられたのに腹を立てて申し訳もなく、深々と頭を下げ、この教訓は終生忘れることはないと肝に銘じている。

文章を元にもどし1週間の休暇を3日で打ち切ったが、待ち受けていたのが、傘下全機関区の機関車の運用、業務員の仕業に関する仕事であった。特に重要であったのは特輸(軍事輸送であったことは言うまでもない)。また列車の時刻改正都度満鉄及び鉄道省との交渉は大変であった。関釜連絡船の下関の出航時刻を早めることはできない。北京、奉天、長春への列車の到着は真夜中ではいけない等で、朝鮮鉄道釜山＝安東間のスピード・アップを迫られるのが常であった。

そのために機関車の重連運転をせよ等の要求が出され、それでなくとも特輸のため機関車を満鉄から借用しなければならなかっ

たので、そんなことは夢にも考えられなかった。
　そして、今回作成したこのような計画は5年間早かったらと思わざるを得なかった。
　昭和14年10月12日　　　三男誕生。

　昭和15年12月1日、管制改正により鉄道局は交通局となり、自動車と港湾の灯台守の管理が新たに含まれるようになった。

　　一、昭和15年（1940年）
　　　　北部仏印進駐、日独伊軍事同盟
　　　　ドイツ、パリ入城
　　二、昭和16年（1941年）
　　　　日ソ中立条約
　　　　太平洋戦争起こる
　　三、昭和17年（1942年）
　　　　シンガポール占領、ミッドウェー海戦
　　四、昭和18年（1943年）
　　　　ガタルカナル撤退
　　　　イタリア無条件降伏

（10）釜山機関区へ転勤

　昭和17年2月20日、釜山機関区技術主任となる。ここで、日本姓春木さんという班長で朝鮮人の技工手が私を訪ねてきた。「機関車修繕の際、動輪の上げ下げは手動のジャッキによっているが、大変な労力と時間がかかるので、水道の水を利用して上げ下

げできる設備を考えた。しかし、歴代の区長も技術主任もやらせてくれない。あなたは、優れた技術者だと評判なので是非作らせて欲しい」。言い方は気に入らなかったが、訥々と話してる態度は真剣そのものであったのと、合理化を考える者は機関区の宝であり、その芽を潰さず伸ばしてやらねばならない。場合によっては手を貸してやる位でなければならないと考え、油の滲んだような古い設計図を受け取り子細にみると水道の水圧を利用した、プランジャーポンプによるもので、計算尺で当たってみると、計算もしっかりしていた。

　動水力学を学ばなければ分からないはずなのに、どうしてこのような原理を知っているのか。勘によるヒラメキだとすれば素晴らしいと思った。「ようし分かった。お前は、旋盤やドリルは使えるな、所定の作業の合間に作れるか」「そうしてもらえれば有難い」「それでは、必要な資材を全部書いてわしのところまで持ってくること、削り代や切代を十分考えておくこと」

　春木さんは、小躍りして喜んで帰って行ったが、間もなく資材の明細書を持って来たので、京城工場の後藤氏に委細を電話で話し、必要資材の支給を依頼したところ釜山工場から支給する旨の快諾を得た。運転助役に指示し、釜山工場まで単機（機関車だけの運転）運転の手続きをとり、単機には春木さんを同乗させ必要な資材を受け取ってくるようにした。

　さらに、工作助役に春木さんの仕事に対する理解と協力を指示した。このジャッキの試運転のときは、機関区に居た全員が立ち会った。

　数トンにも及ぶ機関車の動軸付車輪が、いとも簡単に上下されるのには一同感嘆の声を出していた。春木さんは満足し、得意気

に笑っていたが、やがて顔が歪んできた。万感が胸に迫ったのであろう。

　機関車の動軸付車輪と言えば、重量は数トンにも及ぶ。これを自由に水圧で動かせるということは驚異的なことであった。

（11）釜山地方交通局へ転勤

　私は、昭和18年の春、釜山地方交通局運転部車輛課へ勤務することになった。

　戦時中一番問題なのは、人的資源のほかは物的資源だったと思う。そのうちでも鉄鉱石と共に大切なのは優良なる瀝青炭（れきせいたん）である。朝鮮には少量の褐炭のほかは瀝青炭の埋蔵量は皆無で、満州の撫順炭（ぶじゅんたん）を使用していたが、これをできるだけ減らして製鉄所へ送るべしとの声が高まってきた。

　褐炭だけでは汽車は動かせず、朝鮮に埋蔵量の多い無煙炭はどうかということになった。いろいろ炊き方を工夫し、18年の春、機関車に可能と私が発表した。途端に全鮮の各機関区が一斉に無煙炭を使用し始め、18年秋に無煙炭使用に関する全体会議が開催されるに至った。驚いてしまったのは私で、実のところ春以来の研究で使用不能という結論に至っていたのである。会議の当日いろいろと苦心談が発表されムードが盛り上がっていたとき、実は、無煙炭は使用不可能ですと発表してしまい、お前が使えると言うから、一生懸命使おうとしているのに、ひどく非難されたが、結局は使えないということになった。

　これも戦勝に貢献したい焦りがあったと思う。

(12) 馬山機関区へ転勤

　昭和19年2月にはいってから寒い日が続いた。そんなある日、内田運転部長（咸局から転勤された）に呼ばれた。部長は旅順工科堂の出身で技術の神様とまで言われており、若い技術者の畏敬(いけい)の的であった。

　部長は、「馬山機関区の受け持っている列車は皆2、3時間遅れが出ている。海軍（鎮海に基地があった）から、このままでは作戦に影響をきたすため、鉄道の方で列車を定時に運転できないのならば、海軍が代わって運転するからと、朝鮮総督へじかに強固な申し入れがあったので、君が行って、至急、馬山機関区を立て直しもらいたい」と。

　私は、驚いてしまった。相手が今を時めく軍であり、しかも作戦に影響していると総督に直に申し入れたとあっては重大問題である。もし、失敗したら、海軍が代わって運転することになり、私一人の責任では収まらなくなる。第一、局長はじめ上司の方々の面目が丸潰れになっているのに、私のような若輩(じゃくはい)が行ったのでは、運転に人はいないのかと再び叱責され兼ねないと考えた。そして、私のどこに見どころがあると考えられたのだろうかとも考えた。

　私は「冥利(みょうり)に尽きるお言葉でありますが、若輩であり荷が重すぎますので、ご再考をお願いします」と、いろいろとお世話になった部長に異例の申し出をした。

　当時、私は37才で、機関区長の職位は一度は通らなければならないものであったが、それにしても早すぎるばかりではなく、初心者には荷が重すぎると思った。

私は、知識については専門の教育を受けていたので恐れてはいなかったが、これを実地に活用して知恵として自分のものにしていないという不安があったし、当時の交通局の機関区長は50才前後のベテラン揃いであったので、なおさら自信がなかった。部長は私の申し出に笑って答えられず、汽車の中は退屈だろうからこれを読んでいってくれと、本棚から1冊の小説を出して私に渡してくれた。同一の小説は10冊程未だ本棚に残っていた。

　こうなっては仕方がない。どうせやらなければならないのなら一日でも早くせねば。引き継ぎもそこそこに、取るものもとりあえず翌日単独赴任をすることにした。

　翌朝、汽車の中で昨晩から考えていたこれからの戦術を頭の中で繰り返し繰り返し練りに練った。これでよいと思ったら気も楽になり前記の小説を読み始めた。杉本五郎歩兵中佐著『大義』であったと思う。終戦の引き揚げの際全て失ってしまったのと、記憶も十分でないので明確には言えない。内容は、大事を成すには私心を捨て去れというものであった。

　当時の私の心境は、ただ、仕事の成就のみで、何もいらない。仕事の成就のためなら何でもするというものであり、今様で言えば自己を捨てるということである。大義に書かれていることも理解できると思った。

　機関区の所在地は、南鮮の港町であり風光明媚の朝鮮唯一の保養地でもあった。そして、馬山港は釜山港が使用不能となってからは、内地と大陸との唯一の連絡港となり、大陸から内地へ送る石炭、大豆、鉄鉱石等の中継港として活躍を始めた。内地からは満蒙開拓団の方々が大勢この港へ上陸され、汽車に乗り換え北方めざして苦しい不安な旅を続けられており、さらには銃砲大隊の所

在地として、また近くには問題の海軍基地鎮海がある等で交通、戦略上極めて重要な位置をも占めるに至っており、鉄道の任務もローカルの域を脱していた。

初訓示

　馬山駅へ着いたが機関区からは誰も来ていなかった。機関区へ行き区長を訪ねたが、今しがた官舎へ帰られたと。そこで、幹部級10名ばかりを集めてもらい次の如く指示した（こんなことは平時なら考えられないことである）。

　私は、今回ここの区長を拝命したので本日只今から区長として指揮をとる。
　私は、勤務日は毎朝7時までに出勤する。そして、前日の実績を分析の上、当日の方針を決定し、それを皆に伝達するから皆はこれまでより30分間早くなるが、7時30分までに出勤してもらいたい。
　7時30分から幹部会を開いて私の方針を伝達した上で皆の考えを聞き、その日の方針を正式に決定したい。そのために事務助役は、ノートと鉛筆を本日中に、皆に渡して欲しい。皆は、必要事項を必ず記録しておいてほしい。
　皆からの諸報告は当分従来通りとし、その日の私の指示したことは作業終了後、整理して提出してもらいたい。当直の運転助役は、私の示す様式に従って毎日の運転実績を整理し、毎朝7時に私に報告してもらいたい。特に列車の遅れたものは原因を明らかにし、すべて真実を報告してもらいたい。私に対する私の休日ま

たは出勤中の報告は、その翌日にしてもらいたい。

　私の示すこれからの方針は、相当努力しなければ達成できないものとなろう。十分検討もしないで、できないと言ったり、できないものをできると言ったりしてはならない。事実がすべてを物語ってくれることを忘れてはならない。

　過去のこと（列車の遅れ）について責任追及はしないが、これからのものには厳しく責任を追及する。

　約束は厳守すること。面従腹背は絶対に許さない。またできないと言ったから責任は免れたと思ってはならない。私を含めて全員で努力し、納得するまでは片付かないと思わなければならない。

　その日の課業は必ずその日で終えること。もし時間的に間に合わなければ残業してでも完遂すること。誰かが残業しておれば、私もその間は居残るので何事でも聞いてもらいたい。

　部下に方針を伝えるのは朝礼直後の部下全員が集合しているときに自ら行うこと。この場合一番大切なことは区長の要望云々ではなく、自分の方針として断固たる決意を示さねば部下はついてこないということである。だから伝える方針はよく研究して完全に理解していなければならず、部下の質問には懇切丁寧に答えてやらなければならない。

　長い間の機関区の業績不振で中堅クラスの昇進は他の機関区に比べてだいぶ遅れている。私は、再建が成功したら必ず他機関区並みにすることを約束する。再建に必要な期間を6か月とかんがえている。

　以上であり、本日からは単位時間当たりの仕事をこれまでの2倍以上にしてもらいたい。つまり頭を使って仕事の効率を従来の

2～3倍にすることである。

　私には、十分成算があるから信じてついてきてもらいたいが、不服な人は申し出て欲しい。希望に添った措置を考えたい。

　そして、私は、翌朝8時の朝礼のとき次のように話した。

　この機関区の運命は全受け特列車の大幅な遅れのために窮《きわ》まりかけている。丁度まるい石塊が高い山の頂上から谷底めがけて転がり落ちつつあるようなもので、初めのうちなら止めようもあったろうが谷底近くでは加速されていて止めようもないのと同じで、機関区の業績の悪化を喰いとめ、元の状態にまで戻すには、今までの何倍、何十倍もの努力が必要である。しかし、目下は超非常時であり他から援助を求められないので皆と力を合わせて努力するよりほかに手段はないが、決して不可能ではない。

　私は、皆のように実地の経験は少ないが専門の知識と経営の知識は誰よりも勝れていると思っている。さらに、釜山鉄道事務所、釜山地方交通局、朝鮮総督府交通局には、私を助けてくれる同僚、上司が多いので、これまでとは違った高効率的機関区運営ができ、早期再建は可能と考えている。

　これまでの皆の考課は白紙に戻す。そして、これからは絶対的信賞必罰、つまり、一生懸命に働く人には十分報いる方針を堅持することを約束する。また私はみんなの先頭に立って頑張ることも約束する。

　私と一緒に頑張ろうと思う人は私についてきて欲しい。嫌な人は申し出て欲しい。好むところへ転勤させる。嫌な人が居てくれてもプラスにはならないし、転出させる力はあると。

大きな組織が行き詰まる原因は何なのか。一つや二つではないと思うが、そうした情報は皆無であるが、この反響には大きなものがあり、腕を撫でて不運を託（かこ）っていた有能な何人かは一斉に立ち上がった。

　列車が遅れるということは、機関車については蒸気を造る部門の故障なのか、蒸気を使う部門の故障なのか、双方なのかに分かれる。

　私は、翌日朝礼後、作業服を着用し、ガスランプとハンマーを持って朝方火を落とし、ところどころに石炭の燃え残りのある火室（石炭を焚く室）の中へ入った。火室内は高温で身体が焼けるほど熱かったが、それよりも何よりも驚いてしまったのは、煙管（火室の煙を煙突へ導くパイプのことで、この煙の熱で胴の水を蒸気に変える）のほとんど灰で詰まってしまっていたことである。

　原因は、火室の中の焰（ほのお）の流れを調節している耐火煉瓦が一枚もないということであるが、こんなことで放置している関係者は許せないと思ったと同時に、機関車が哀れに見え、涙が出て止まらなかった。

　早速、検査掛全員を集め、一人ずつ火室の中へ入れ感想を聞いたが、火室を検査しても耐火煉瓦がないのでどうにもならなかったと言い訳をしていた。それで、蒸気圧が上がらず、2時間も3時間も汽車が遅れても腕を拱（こまね）いていたのか。洗罐（缶）の周期を2分の1にするとか、あるいは3分の1にするとかして煙管掃除をやらせる等、方法はあっただろう。頭を使うということは、こういうことである。午後は走行部を検査するから検査掛全員立ち会うことと指示した。

　午後の検査も惨憺（さんたん）たるものであった。機関車の補修材料がない

と言っているが、どんな手を打ったのか。私は、釜山地方交通局運転部車輌課にいたが、一度もそんなことを聞いたことがない。やる気があればじっとしてはおれなかったはずだ。

応急手当

　その後で用度掛、技術掛を呼んで補修品の詳細な報告をするよう指示した。そして、緊急の幹部会を開き半日足らずの検査であったが、呆れ果てた管理に猛省を促した。いそいで提出された不足補修品につき京城工場の後藤資材部長に懇請して釜山工場から特別に支給してもらうことにした。そこで、役割を次の如く定めた。

1. 　主席運転助役は、馬山＝釜山工場間に単機運転を鉄道事務所と連絡して明日運転するようにすること。機関車は大型炭水車付とし、搭載石炭は馬山＝釜山工場間単機運転に必要な程度とし余分なものは、降ろし補修品をなるべく多く積載できるようにすること。
2. 　工作助役は、旋盤(せんばん)を24時間フル操業体制にすること。
3. 　検査助役と工作助役及び運転助役は連絡を密にして各種軸受の取替修理を迅速ならしめること。
4. 　教養助役は、教育中の庫内手を督励し、運転助役と連絡を密にし、片端から煙管掃除を行うこと。

　以上のことにつき毎朝幹部会に報告すること。

妻の驚き

　これらが軌道に乗り出し機関区の働きは驚く程活発化してきたので、私は、私の家族を迎えることにした。

　家の片づけがまだ終わっていないある日、機関区の幹部の妻たち10人ほどが私の妻を訪ねてきた。この人たちは、皆50才前後の人達で、妻は31才、3児の母だが、まだどことなく娘っぽさを滲ませていた。歳から言えば母と娘位歳の差があり妻は何事ならんと驚いたのも無理はないと思う。

　「区長さんに次のことを奥様からお願いしてください」と前おきして、「主人はこれまでは朝8時出勤で夕方5時には帰ってきました。ところが、区長さんが代わられてからは朝は7時30分までに出勤し、夕方5時をすぎることがあり、日中の仕事も多くなったということで、このままでは主人の身体が持ちませんので前通りの勤務にしていただきたい。」と。妻は、最初は大勢の年寄パワーに圧倒されていたらしいが、話を聞いて、他愛ないのと、この人たちは機関区の責任をどう思っているのかと思い聊か腹が立ったそうで、「区長は、毎朝7時までに出勤せねばならないと言って6時40分には家を出ており夕方は遅いときで10時、11時になることもあります。休日や日曜日も出かけております。そして、私に、6か月辛抱してくれ、6か月経てば機関区も立ち直れるから普通の勤務に変えると気を遣ってくれています。私は、区長を尊敬しておりますので、それを信じております。私も、機関区の状態は人からもよく聞かされておりますので、再建のためにもし私たちが倒れてもそれは仕方がないと思っております。しかし、あなた方のお話は区長に伝えますが、区長を信じて6か月間頑張ってくだ

さい」と答えた。「6か月間頑張ります」と一同理解してくれたらしい。

　普段は余り人の前でしゃべったことのない妻が、どうしてこうまで大胆に応対できたのか帰宅後、妻から始終を聞いて驚き、よく言ってくれたと思った。そして、妻の凛々しい態度が目に見えるようで嬉しかった。

　赴任して2カ月程たったある日、乗務員会（乗務員組合の会議）を開催するので出席して欲しいと申し出があった。乗務員組合とは、機関士、機関助手によって編成されている現業員組合で、今様で言えば、労働組合のようなもので、賃金問題を除いたその他のいろいろな問題を取り上げ機関区当局へ申し込む機関であった。馬山機関区の場合、浮沈にかかる重大問題が発生していただけに、こちらから進んで説明しておかねばならないと思ったが、もう少し完全に立ち直ってからと思っていたところでもあり、多忙な最中でもあったが、出席することにした。

立ち直りが認められた

　唯一人の任官している朝鮮人の機関士が立ち上がって、「区長さんにお礼を申し上げたい。今までは機関車に乗るのが嫌で嫌でたまりませんでした。それで、乗務の日は家内と水杯を交わして出かけた位です。列車が下りにかかりスピードが出ると、音響は一段とおおきくなるばかりか、得体の知れない大揺れのために今にも脱線しそうでヒヤヒヤしていました。ところがどうでしょう。ここへきて音は心地よいものに変わり、揺れは感じなくなり、毎日楽しい乗務をさせてもらっています。これも、偏に区長さん

のお蔭です。有難うございます」と。また他の乗務員は、「馬山駅の操車掛は、今までは機関区へ機関車を迎えに行ってもなかなか機関車を出して来ない。30分も1時間も遅れることはザラだった。しかし、どうでしょう。昨今は大きな汽笛を鳴らし誘導を催促するようになった。一体何が起こったのか？」と。また他の乗務員は、「沿線の各駅の駅員は、どうしたら定時運転ができるようになったのかと尋ねる者ばかりです」と。「いやあ、この間学校へ行ったら学校の先生までが、近頃汽笛の音が大きくなった。あれではもう遅れることはないでしょうね」と。

　このような具合で冥利(みょうり)に尽きる言葉が並べられ、どうやら苦労が報いられつつあると思いながらも勝って兜の緒を締めよの譬(たとえ)のとおりまだまだ努力しなければと思った。「これは、皆の努力のお蔭であり、さらにまだまだよくしなければならないので協力して欲しい。」と依頼して帰った。

朝鮮人益済寮　第1号

　5月の始めのある日、東馬山（馬山駅より釜山方向へ向かって馬山の次の駅）駅前に朝鮮人の別荘が売りだされているので買わないかと言う人がいた。現物を見ると実に立派なものであった。建物はおおきなものを中心にそれぞれ独立して5～6棟あり、いずれもオンドル式で住宅には申し分のないものであった。その上、広い庭園は内地式で植木等は宮崎から取り寄せたものとのことであった。当時内地式の二階建一棟1000円と言われていただけに安くはないが、至極気に入ったので買うことを決意し、局へ予算書を添付の上、請願書（願書）を出した。用途としては朝鮮人子弟

の独身寮とした。

　この請願書に対し、機関区も局も大騒ぎとなった。特に、朝鮮人従業員を驚かせた。実現しないであろうが、気配りだけでも嬉しいと言っていた。オンボロになっている内地人の益済寮（独身寮のこと）にするのならまだしも、朝鮮人の益済寮はどこにもないと局の方では猛反対であった。これに対し、オンボロであっても内地人の益済寮はあるではないか、朝鮮人用はどこにもないということは不公平ではないか。

　内鮮融和は国是である。言葉だけでなく実行が大切である。

　運転用の厚生予算はタップリ取ってあるはずと主張し、釜山局運転部喜田庶務課長の協力を得、数次にわたる交渉の結果、ようやく朝鮮人益済寮第一号が誕生したのである。そして、これを機会に多少内地人に対する朝鮮人の感情は、やや対立的であったが、解消して行ったと思う。

市民への代償

　6月末になって機関区の再建は立派に実を結び、内田運転部長も視察に来られ安堵されたようであった。そして、石炭、油脂の節約抜群ということで表彰され、金一封をもらったので、その金の使途を協議の上次のごとく定めた。

1. 物資不足の折であり、栄養が不足がちなので機関区員全員及び他区からの乗務員も含めて豚汁を腹一杯食べさせよう。晋州の分区へは相当量の豚肉を送ること。
2. 馬山劇場を1日借り受け昼夜2回映画会を催す。ただし、誰

でも入場は無料とし、列車の遅れのお詫びに代えたい。映画は本局の世話で「神風は斯(か)くして吹く」というもので朝鮮では初封切りであったため朝鮮の興業連盟から苦情がでたとのことであった。

私は、大衆の前で昼夜2回、次の要旨の話をした。

私は、馬山機関区長の小山であります。久しい間、馬山線の列車に大幅な遅れをきたし、ご利用下さった皆様に大変ご迷惑をおかけ致したことを心からお詫びいたします。お蔭様でようやく再建に成功し、今回本局から表彰され金一風封を戴くことになりました。
　これも偏に従業員並びに家族の方々の並々ならぬ努力と、ご当地の皆様のご理解あるご支援の賜であり、心からお礼を申し上げる次第であります。今後は、決してあのようなことは起こしませんので、どうか安心して鉄道をご利用くださいますようお願い申し上げます。
　本日の映画会は、従業員や家族の方々の機関区再建に示された一身(いっしん)を抛(なげう)っての尽力に対する慰安と、市中の皆様へのお詫びの印にと思い開催しましたので、心置きなくご鑑賞していただきたいと思います。
　今回の戦争は、東亜の人々のためのものですが、戦局は、一段と厳しさを増しております。馬山といえども敵の爆撃を受けないという保証はありません。我々は、万全の策を講じておりますが、輸送の重大性に鑑み何卒ご協力の程お願い致します。
　機関区は駅より少し離れておりますが、800名の大世帯であり、

市民としての自覚も持っておりますのでよろしくお願い致します。

落花巌

　8月の終わり頃だった。晋州の分区を初視察のため、機関車添乗を兼ねてでかけた。ギリギリ照りつける陽光に大陸的な暑気は募るばかりで動物も草も木もウンザリしていた。
　ここは、大山助役のほか十数名を配置している分区であった。無事視察を終え折り返しの待ち合わせ時間の残り2時間ばかりを利用して、非番の責任者の案内で市中見学に出掛けた。古い街並は馬山と違い重厚な趣を漂わせていた。市中を一巡し終えた時、彼は「晋州は海から少し入り込んでいるので馬山よりは暑いです。ここなら少し涼しいでしょう」と。案内してくれたのは大きな河の岸であった。川上から川下へ向かって吹く風はまことに心地よく、何気なく橋から少し下ったところで河の方へにゅうっと突き出た巌の上に座り込み涼風を満喫していた。彼は、私のすぐ後ろに座った。
　「この間はたくさんの豚肉を有難うございました。皆大喜びでした」
　「それは良かった。戦争中だし何にもなかったので、せめて皆が分けて食べられるものと思い、ようやく手に入ったのを分けたので、皆が喜んでくれれば満足である。これも皆が頑張ってくれたからである」
　「あの日昼夜2回映画の公開を催されましたね」
　「今度の列車の遅れで市中の人々に大変迷惑をかけたし、それに戦局はますます厳しくなり、爆弾でも落ちる羽目になると市中の人々にも迷惑をかけることになるし、また今度の機関区再建に

皆頑張ってくれ家族の人々にも無理をかけたこと等に対するお返しだよ」

「お蔭様で駅以外に大きい組織の機関区があるということが市民の人々に理解されるようになって大変良かったと思っております。あの晩、実は私達朝鮮人の機関助手以上（機関士、機関助手全員の65％ぐらいと思われる）が集合したのです。そして、機関区長に忠誠を誓うか否かを討議したのです。区長は、内鮮融和を実現させた稀に見る立派な人である。あのようなこと（朝鮮人益済寮第１号のこと）は朝鮮人であってもできないことだと皆の意見が一致し、現在の区長の居られる間は忠誠を誓うことで一致しました」

何とも物騒な話であった。

大正８年の朝鮮独立事変の口火をきったのは、馬山地方の人々であったとは聞いていたが、これほどまでに団結しているとは思っていなかった。これには、やたらと時の権力に対抗するのか、ほかに原因があるのか、しばらく沈黙が続いた。

彼は「この河のこの橋（長さ50ｍ位の立派な橋梁）の下から川下にかけては河の流れが大変速くなっており、水は渦を巻いているので、この河へ落ちた人で死体のあがったことはないと言われています」

今まで気付かずにいたが、河面までは30ｍもあろう。黒ずんで見える水の流れは、まさしく渦を巻いているようであった。その瞬間、河の中へ引き込まれそうな錯覚に陥ったので、慌てて目をそらせた。そして、自分の座っている位置が危険な場所であることに気付いたが、態度に現れることを恐れた。彼は、

「向こう岸の向かって左の方に河の方へひどく突き出た大きな

第３章　朝鮮総督府鉄道局就職　133

巌が見えるでしょう」
　「随分と大きな巌だね、一帯が岩場だ」
　「あの巌を落下巌と呼んでいます」
　「昔はあの辺一帯が桜の名所だったのか」
　「そうではありません。昔はあの丘には立派な王城(おうじょう)があったのです。ところが、豊臣秀吉が朝鮮へ攻め込んできたとき小西水軍がこの城を攻め、陥落させたのです。そのとき、城中に居たたくさんの女官があの巌から水中めがけて飛びこんだので、こちらの岸から見ていた人々には大きな花弁が舞い落ちるように見えたので、その名が生まれたのだそうです」
　思いがけない話が出て来たので戸惑った。
　小西水軍のことは歴史で習ったが確かな記憶はない。しかし、目下は大陸の南方で激戦が展開されている最中であり、その蔭には幾多の悲劇が発生していることは想像に難くなく、この責任者は何を語ろうとしているのか胸中を計り兼ねた。
　私と話し合う計画は全然なかったのだから予め準備していたとは思えない。そして、さらに続いた。
　「城の陥落後、小西水軍の武士たちはこの河で大勢のキーセン（妓生(きしょう)）と船遊びをしたのです。その時この地方きっての名妓が酒に酔ったふりをして侍大将に飛びつき二人一緒に水中深く沈んでいったそうです。このようにして一時にたくさんの人が沈んでいったそうですが、一人の死体もあがって来なかったそうです」
　彼の語り口は、礼を尽くしながらもしっかりしており、正規の組織の中におりながら朝鮮人乗務員組織というインフォーマルな組織の中にあることを公然と口にする等。それを、私は、私に対する好意の現れと受け止めておきたいと思った。

戦争によるこのような悲劇は数え切れないほどあると思う。そして被害民は萬斛(ばんこく)の涙を浮かべ永劫(えいごう)に語り伝えようとするであろう。私は、つい先日ふとしたことから白虎隊の記事を読んだとき、守勢に立った場合の戦争の遂行が如何に困難なものか、つまり、兵力の分散による弱体化は防ぐに手段なく、太平洋戦争の行方(ゆくえ)にいやな予感を感じたと共に悲劇の小さいことを願ってやまなかったことを思い出していた。

三男と妻の病気

　昭和19年8月長男は11才（数え）、二男は8才、三男は6才になっていた。この3人は、夏休み中はいつも揃って官舎から約2kmの海岸で海水浴をしていた。今様で言えば、子供ばかりでそんな無茶なということになるのだが、当時はそれが普通であった。ところが、三男が、市中から流れ込んでいる幅5m位の小川の河口付近で、一人で遊んでいることが多く、そのためか大病に侵される羽目になった。

　早速近所の医師の治療を受けると同時に、二人の子供は益済寮で預かってもらうことにした。親元を離れた二人の子供の無軌道ぶりは大変なもので、保線区管理のイモ畑を荒らし、カバンを置いて逃げたことが分かり、ひどく叱られたところ、今度は保線区長官舎のヘチマを引き抜く等、手に負えない位であった。

　子供心に親の関心を引き付けておきたかったものと思い、不憫(ふびん)に思ったが仕方がなかった。まして母親には耐えがたいものであったと思う。

　三男の病状が快方に向かい、もう大丈夫と安心した矢先に、今

度は妻が腹痛を訴えだした。子供の看病が大変だったようだ。

そこで、妻は、市中でただ一人の内地人医師である前原先生の診断をうけるために出向いた。事情を聞かれた老医師は、直ちに自宅に帰り絶対安静を指示され、朝夕2回の往診を毎日続けてくださることになった。

そして、その日の夕方往診された。痩躯（そうく）長身の老紳士で、全く悟りきった温厚な物腰の人であり（私は、機関区における死亡事故で2回お会いしていた）、片方の脚は神経痛を患っておられ往復とも人力車を利用しておられた。

戦時下であり、薬は十分ないようで幾種類もの薬を混ぜて数本の注射をされた。そして、明朝は早く往診するからと言われ、玄関を出られた。見送りに出た私に、「区長さん、妊娠中の病気は非常に危険です。大抵は親子共助からないが、うまくいってもいずれか一方が助かるかで、先日も交通局官舎で妊娠中の親子が亡くなっています。私は、全力を揮（ふる）って親子を助けたいと思っています。派出婦（はしゅつふ）は一人付けますが、区長さんは、重大な責任をもっておられ、ご多用でしょうけれど、病人に付き添ってくださいませんか。それが、薬以上の効果があります。勝負は1週間です」と、温厚な面持に誠意を込めて言われた。

機関区の状態は最高であったので、差し当たって私を必要とするところはなかったが、全員の士気に関してはと多少躊躇（ちゅうちょ）したものの、何ものにも代えられないと思い、「私のできることなら何でもやりますから親子の命だけは何としてでも助けてください」と、心から願った。これ程までとは思っていなかったので一瞬茫然としてしまった。涙はとめどなく出てくる。いろいろなことが頭をかすめていく。

妻は、そんなこととは露知らず、三男が比較的軽かったので、すぐよくなると確信しており、私が突然しばらく休むと聞いて怪訝な顔をしていた。妻のこの確信が、意外と病魔を払う力となったのかもしれない。しかし、自分が今、重大な岐路に立っていることも知らず、軽く思っていることが良いことか悪いことか分からず、私からは何も話せなかった。そのかわり、妻の体力維持に全力を尽くした。例えば、リンゴを擂おろし糟と共にたべれば良いということで毎日10個以上も食べさせたが、これはなかなか食べにくいようであった。

「何でも手伝うよ。遠慮せずに言いなさい。その方が、治りが早いと先生が言われた。早く治ってもらわないと子供たちが可愛そうだよ」

「そうしてもらえればどんなに楽か分からない。でも…」「でももへちまもない、先生の命令だ。そうしないと治りが遅くなるのだ」無理に家事を手伝ったが、これは容易なものではなかった。

　が、早く治らないものかと心から神仏に願わずにはいられなかった。多くの人は代われるものなら代わってやりたいと、夫は妻に対し、妻は夫にたいして思うことが愛情ある表現だと信じられているようだが、私は、そうは思わなかった。夫婦のうちどちらかが倒れても不幸である。夫婦力を合わせて共存を図ることが最も愛情ある生き方であると思った。

　徹夜の看護の苦しさも、妻の苦しさに比較すれば、もののかずではないと自分で自分に言い聞かせ、共に苦しむことが共に生きる道である。妻も多分そう思っているに違いないと思ったら急に身体が楽になった。医師を信じ、自分のできるだけのことをしよう。そして、神仏に心からの祈念を行った。神仏は祈念すべきで

ないと言われてはいるが、どうしても最後の手段としてそんな気になってしまう。

　長い長い1週間であったが、また、一刻一刻に希望をかけた1週間でもあった。

　医師の言われたとおりで、私の代わりに専門の家政婦ならまだまだ手際よくやったかも分からないが、患者にとっては一層の苦しみになる病気だとよく分かった。子供には親、夫には妻、妻には夫が親身になって世話をすることが最良の治療法であることを教えられたのである。

　そして、1週間目を迎え妻は見違えるように元気になった。医師の献身的な手厚い治療は、親子の生命を奇跡的に救ってくれたのである。あらためて医師並びに神様に対し、感謝のまことをささげたのも当然であるが、先生は若かったからと微笑んでおられたが、一途な母性愛の勝利でもあった。

　子供たちの異常な行動に私が絶対に必要で、母親なしでは良い子は育ちにくいと、心に誓ったのであった。

地下組織

　昭和19年9月初めのある日、予てから注意していた朝鮮人機関士が、突然行方を晦ました。それをきっかけに朝鮮人従業員2名が警察へ連行されるという事件が起きた。私は、事件の不拡大を信じていた。事務員2名は数日後帰ってきたが、機関士の方は依然として分からなかった。

　それから数日後、この機関士の子供が亡くなったが、誰も手伝ってくれないので困っていると知らせてくれた人がいた。そこ

で私は、大人にはいろいろと思惑があっても、そのために罪のない子供にまで影響を及ぼすのは忍びないと思い、その旨を朝鮮人従業員に伝え、協力してやることを指示した。

　終戦後10年余り経ったある日、この朝鮮人から懇切な手紙を2度もらったが、当時多忙を極めていたため返信も出来ず、申し訳ないことをしたと思っている。

朝鮮で最初で最後の爆弾投下

　また9月の終わり頃の真夜中に突然空襲警報が鳴り、急いで身支度を調え、機関区へ行った。長い間（2〜3時間）待機し、ようやく解除のサイレンが鳴ったので、やれやれと思った瞬間、機関区の電灯が全部点灯してしまった。解除になっても10分位は電灯はつけないことが半ば申し合わせになっていた。驚いて私は、足元の悪いのにスイッチめがけて駆け出し、スイッチに手をかけるや否や、耳を劈く轟音が海の方から響いてきた。

　B29一機が空中滑走をしていたのであろう。

　忽方府尹（府知事）から電話で叱られ、警察署長から呼び出されるなど散々であったが、責任をとらせられるようなものではなかった。恐らく朝鮮での初めてで終わりの空爆となったと思う。スイッチを入れた警備員も一時は警察へ連行されたが間もなく帰り、安心した。

　昭和20年1月2日　　長女誕生。

前原医院買収

　昭和20年3月の初めの暖かい日に妻が大変お世話になった前出の前原医師が、突然来訪された。挨拶を交わした後、前原先生は「区長さん、私ももう年ですし神経痛で片足が痛いため、この辺で病院を売却して内地へ帰りたいと思います。いろいろとご懇意にしていただいたので事前にお話だけは、しておきたいと思いまして」と。重圧から解放されるという思いがあったのか、珍しくゆったりとした気分のようであった。

　私は、余りにも咄嗟のことで何と答えてよいか分からなかった。ただ、医師が不足している馬山が万一爆撃でも受け、負傷者が多発した場合、内地人の医者が一人も居なかったで済むものかどうかを考えざるを得なかった。

「短い勤務時間、例えば午前9時頃から午後4時頃までというものでしたら、身体も今よりは楽になると思いますが如何ですか」。

「内地へ引き揚げると申しても医者をやめることはないのです。私も、いろいろ考えたのです。社会的責任のあることも。今言われたような時間帯でしたら喜んで続けたいのですが、そんなことは町医者としては出来ません。大体私の勤務時間は、朝の9時から午後12時までです」

「例えば、交通局医院となれば可能となるのではないでしょうか」

「しかし、交通局で買ってくれますか」

「それが問題ですが、努力してみたいと思います。条件はどんなものでしょうか」

「そうなれば願ったり、叶ったりですが、区長さんに大変なご迷

惑がかかるようでしたら、お願いする訳にはいきません」

「私は、私事でこの問題を考えていません。先生からは、私事で筆舌に尽くせない、ご恩に預かっておりますが、これからは、私の本来の仕事とは区別して公の社会的問題として取り組みたいので、決して、お心遣いなどなさらないでください。でないとやりにくくなりますから」

「それではお言葉に甘え、明日条件を申し上げたいと思います」

こんなことは、もちろん機関区長の考えるべき問題ではないが、止むに止まれない気持ちになっていた。

その翌日、申し出られた条件は、病院の建物、設備、機械、器具、薬品、備品等一切を含め、現金で25万円は切りたくないというものだった。これは大変な条件であった。

官庁の大口支払は、20年4月1日から国債となるので3月一杯で売買を完了しなければならないこと。価格の決定は㊙によらねばならないということで、いずれをとっても不可能視されるものだった。一応、受け賜って帰ってもらったが、これは大変だと頭を抱えてしまった。民間同士の取引でも医院一つの取引となれば、そう簡単にはいかないだろうと思った。

そのときふと頭をよぎったもう一人の私がいた。お前は、運転課第二車輌係に一時帝国議会予算書を作成したではないか。あれは、誰が見ても楽な仕事ではなかった。また、先日朝鮮人男子益済寮第1号を買収したではないか。いずれも、やむにやまれずと言っていたはず、今度も不退転の決意をもって、やれば道は自ずから開けると思うと、兎に角やれるだけやってみようと決心した。

そこで、前出の本局の運転課庶務係長へ電話で委細を申し上げ、予算の有無を調査してもらった。待つ間もなく25万円程度な

第3章　朝鮮総督府鉄道局就職　141

ら出せる。その上、課長も係長も全力をもって応援すると言われた。これによって勇気百倍したことは言うまでもない。

　途中のいろいろな紆余曲折は省略し、意外に早く局の買収方針が決定した。これも私が予算に首を突っ込んでいた余徳と﨑山運転課長、林庶務係長のお蔭と思っている。そして、早速、実地調査に係員の派遣となったが、年度末の3月31日までには1週間しか余裕がないので4〜5名の係員が泊まり込みの調査となった。これで何とかなるだろうと一安心していたところへ、一人の青年が、私に面会を求めてきた。

　馬山機関区は新築中で、事務所だけが未完成のため、倉庫を一時、事務所として使っており、機関区長は事務助役と並んでいた。

「私は、この機関区の事務所で働かせもらっている山本貞子の兄です。妹が、いろいろと大変お世話様になっており、心からお礼を申し上げます」

「いやあ、こちらこそ。ところで今日は休んでおられるが……わざわざおいでにならなくとも、電話連絡してもらえれば良かったのに」

「その妹が」と言葉をつまらせながら「実は、目下危篤状態なのです。一昨日の土曜日の晩から急に熱が40度以上になり、どうしても下がらず、医師は、今夕まで持つかどうか分からない、知らせる所があれば知らせなさいと言われたので内地の方へは電報を打ちましたが、機関区には日頃からお世話様になっているので、お礼旁（かたがた）お知らせに来ました」

　寝耳に水とはこのことで私は一瞬言葉に詰まってしまった。

「もう少し詳しく知らせてくれませんか」

「妹は、恐れられている急性肺炎におかされ40度の高熱が続い

ており、その熱さえ下がれば助かるのですが、それが出来ないのです。急性肺炎に効く特効薬はどこを探してもないのです。釜山も探してもらったのです。今は、ただ拱手して死を待つばかりとは兄として残念でたまりません」
　道々泣いて来たのか、目を真っ赤にしていた。
　当時は、この病気で私が知っているだけでも、数名の名士と言われた人々が亡くなっていた。この人達は明らかに戦争犠牲者であり、戦死と同然と思われた。
「特効薬があれば助かるのだね」
「はい、医師はそう申しております」
　戦争に勝つためとはいえ、私はどうにも諦めていなかった。わたしは、前原医院を思い出していた。
　今は、忙しい最中だ。迷惑を掛けてはいけないと思ったが人命には代えられない。
「ちょっと私に考えがある。1時間半ほどかかるが、ここで待っていてくれてもよいし、一応帰ってもよいが」
「家では家内も居りますし、近所の人も手伝ってくれていますので、ここで待たせてもらいます」
「そう、それではちょっと出かけてくる。上手くいくかどうかは分からないが」と。
　今までかたずを呑んで聞き入っていた事務員にも聞こえるように言った。ここの事務所には、珍しく若い3名の女子事務員がおり、内1名が、突然危篤と聞いて他の2人は驚きと悲しみに目頭を赤くしていたし、他の男子事務員も仕事が手につかぬ有様だった。
　私の出かけるのを見て、事務員一同は立ち上がり「お願いしま

す」と言って頭を下げていた。電話でも間に合うと思ったが、こんな重大なことは会って話さねばと思った。
　私は、毎日現場へ出て機関車の点検をすることにしていた。もちろん区長の仕事ではないが、そのために区長の仕事を疎かにはしていなかった。汚れた作業服のまま自転車で前原医院へ急いだ。もし、駄目なら釜山方面へ手配せねばならないが時間的には間に合わないと思った。
　前原医院の表玄関には、本日休診の貼紙が貼りつけてあり、裏口へ回った。先生は寝巻の上に丹前を着て出て来られた。
「どうも、ここ2～3日徹夜が続きましたのと、ちょっと風気味で休んでいました。こんな姿で失礼します」
「お休みのところ、すみませんが、実は……」と一部始終を話し、もし、特効薬になるものがありましたら分譲してもらいたい。できましたら診察もしてもらいたいと申し入れた。
「よく分かりましたが、急性肺炎の特効薬はどこを探してもないと思います。私も家族の非常用として5本持っていますが、それを1本お持ちください。私はご覧の通りで出掛けられませんので、主治医に渡して打ってもらってください。今打たれれば、夕方までに必ず熱は下がります。後の養生は看てあげてもよいです」
　その日は、薬の効果を気にした一日だった。午後5時、事務員が帰り支度を始めている時、荒々しく山本青年が入って来て、「区長さん、お蔭様で熱が下がりました」と感極まった声を出していた。僅か大人の中指位の注射薬があるか無いかで明暗を分けねばならない。一体寿命とは何なのかを考えさせられた。

㊙の威力

　昭和20年3月31日までには後3日しかない。資産調査も順調に進み、何時でも話し合えるようになった。市民もことの成り行きに注目しだした。万一の場合を考え税務署長に会い、公共的性格なもので特別な配慮を願った。

　後2日に迫った日の朝、本局から直接、㊙は苛酷すぎるので金融3団体の証明があれば、その価格で購入してもよいと指示があった。恐らくこの価格と言えども担保価格となろうから、市価よりは相当安く見積もられると思ったが、公よりは良いに違いないと思った。そして、証明は電報でも良いとのことであった。

　これらは資産調査の方々及び崎山運転課長、同林庶務係長の必死の工作によるものと思われた。ただ、私の場合は、このような金融機関には全く縁がなく、困ってしまったが、日本銀行馬山支店、朝鮮銀行等を訪ねたが、支店長がいずれも出張中とのことで、話し合いにならなかった。この上は信用組合しかないので馬山信用組合（理事長は朝鮮の人）へ出かけた。ここは大変混み合っていて前出の銀行支店とは大きく様変わりしていた。その時、一人の青年が近寄ってきて、「区長さん、このたびは大変お世話になりました。お蔭様で妹もその後は順調です。ご恩は決して忘れません」と挨拶された。

　ああ、あの時の青年か。2日程しか経っていないのに既に遠い昔のようになってしまっている。私も、大分疲れたなあ。いろいろなことがあったもの。それにしても、あの時はひどく慌てていたが、目の前の顔は同一人とは思えない位と、つくづく眺めていた。

「ときに区長さん、何かご用でも」
「実は、理事長にお会いしたくて来たのですが、勝手が分からず、まごまごしているのです。あんたもこの組合に用があって」
「私は、この組合に勤めているのです。あいにく理事長は外出中で間もなく帰ってくると思いますが、ご用はどんなことですか」
そこで私は、来意を詳しく説明し、「どこへ行っても上の人は皆留守で困った。しばらく待たせてもらいたいが」
「そうですか。実は金融機関でも噂をしており、公では気の毒と思っております。この組合でその証明を取り図らってあげます」
私は、ちょっと驚いた。「それはありがたいが、この間のことを恩に思って無理なことをなさってはならない。わたしは、あなたに迷惑はかけたくない」
「そりゃあ良く分かっています。区長さんのお人柄は、日頃からよく聞いて知っています。ご恩はご恩、仕事は仕事と割り切っております。実は私は、不動産の鑑定の仕事を担当しております。私は、正式の仕事としてやらせていただきます。従って、正式の所定費用は戴きます。ただ、非常にお急ぎのようなので最優先に扱わせてもらい、本日夕方までにご返事します。そのときまでには理事長も帰って来ると思いますので、区長さんは、お帰りになってください」
「そう、それでよく分かった。それではどうなるか公平に査定してみてください」
そして、その日の午後4時、馬山信用組合の証明を得た旨、本局宛電報を打ち、一切が計画通り運ぶに至った。

十善法語に、正知見に随順すること。

正知見とは、仏も菩薩も世に在り
　善をなせば、いつかはその報いあり、
　悪をなせば、いつかはその報いあると信ずることと。
　天祐神助でなくて何であろうや。

　私が、馬山機関区に赴任してからは、少しの余裕もなかった。機関区の再建、朝鮮人益済寮第一号の新設、馬山鉄道医院の新設、どれをとってみても生易しいものではなかった。もちろん、後の二者は、私の本職とは言えないが、松島事務掛は「区長さんの担当の如し」と評したのに対し、井浦事務掛は、「区長さんは稀に見る小心な人で大変緻密な頭脳を持っておられる。事に当たっては徹底的に調査した上でないと決断されず、電話応答を聞くとよく分かる」と評し、対立したと。
　私は、どちらでもないし、どちらも正しいと思った。事に当たって自己を捨て一心不乱になればヒラメキが得られて、大胆になれるが、ここに至るまでにはいくら小胆になってもなり過ぎることはない。徹底した調査研究がなされねばならない。それと同時に人の和、上司をよく知り上司の引き立てがなかったら、何事も出来ないということである。

カウンセリングのむずかしさ

　４月の初めに前出の釜山機関区の春木技工手が訪ねて来て、馬山機関区へ転勤したいと申し出た。有能な技術者の陥りやすい欠点で上司に好意が持てなくなることがある。私の若い頃を例にとり、対人関係の重要性を説明し、馬山機関区へ来ても班長にはな

れない。夕食を共にしながらよく諭し、本人も納得して帰って行った。

　水道の水圧を利用するという大変優秀な技術屋さんであった。

(13) 清凉里機関区へ転勤

　空爆の危険下にある京釜本線の代用線として、中央線（京城＝安東＝慶州＝馬山）が考え出され、そのために京城の清凉里機関区の重要性が俄にクローズアップし、その任に当たるようにと、私が、清凉里機関区長への転任を昭和20年7月25日付で命ぜられた。この機関区は全鮮の機関区中最優秀の設備を有し、またこの機関区だけに技工手養成施設も併設されていた。

　着任後、機関車の保全が極めて不十分なことが分かり、馬山機関区の機関車の行き届いた保全を思い出し、また、苦労をしなければならないのかとがっかりしてしまった。そして、また、京城工場の後藤資材部長の協力を願い、機関車に乗って京城工場へ出掛け、工場内で天皇陛下の無条件降伏の詔勅をラジオで聞き、まさに晴天の霹靂、呆然としてしまい、精根も一時に尽き果てた。異境にあって敗戦の悲哀を味わう身となり穴があったら入りたい気持ちになり、どのようにして帰区したかは覚えていない。

　　一、昭和19年（1944年）
　　　　サイパン陥落
　　　　本土空襲烈しくなる
　　二、昭和20年（1945年）
　　　　ドイツ無条件降伏

広島、長崎に原子爆弾投下

ポツダム宣言受諾

連合軍進駐

国際連合正式に成立

三、昭和21年（1946年）

天皇神性を否定

財閥の解体

日本国憲法公布

農地改革

フィリピン完全独立

四、昭和22年（1947年）

6・3・3・4の教育制度

経済力集中排除法成立

インド共和国成立

パキスタン・イスラム共和国成立

五、昭和23年（1948年）

新警察制度できる

極東軍事裁判判決

ビルマ連邦共和国独立

朝鮮人民民主主義共和国独立

大韓民国独立

六、昭和24年（1949年）

法隆寺金堂火災

湯川秀樹ノーベル賞を受ける

中華人民共和国成立

インドネシア共和国成立

(14) 大逆転……帰国

　翌朝になると機関区周辺は、がらりと様変わりした。子供たちは朝鮮の国旗と思われるものを振りながら走り回っており、駅へ到着する列車は段々と人混みが増していった。何の目的かは分からないが、農村の人々が京城めがけて集まっているようである。

　本局へ電話したが、手応えがない。次の日出掛けたが、責任を以って答えてくれた者は誰もいない。そのうち、電話でモシモシと日本語を使うと、黙って交換手により切られてしまう。遂には、内地人機関士が運転する機関車に対しては転轍手(てんてつしゅ)はポイントを切り替えてくれないという事態も出てきた。そこで、さらに本局及び京城鉄道事務所へ出掛けたが、要領を得られなかった。

　この１週間は実に長かった。1200名の従業員を抱えており、下手な措置を取れば大混乱に陥る。自己の損得を離れる、つまり無心の境地において断乎決心するしかないと考えた。そして、内地人幹部を招集し、機関区の経営実権を朝鮮人幹部へ移譲することを伝え了解を得たので、直ちに朝鮮人幹部を招集した。

　日本は、戦いを止めることになったので、我々は、ここで手を引きたいから諸君のうちで、区長、助役を選出して知らせて欲しい。諸君の上部組織は出来ていないと思うので暫定組織となろう。そして、明日にでも職務の引継ぎをしたい。もちろんこれは私の独断なので一切の責任は私にある訳である。列車は一日たりとも止めるわけにはいかない。輸送が遅れれば不安が募り、治安が悪くなり、混乱のもととなるが、私には、その自信がなくなった。従って、分からないところは全て指導する。

　なお、我々が引き揚げるまでに次のことを申し入れたい。

1. 防空壕の撤去及び機関庫内外の清掃を我々が行う。
2. 備品の不足しているものは、手元にある材料でできるだけ作る。
3. 日の丸の国旗は明日から下ろす。
4. これまで内鮮人共々戦勝を期してきた。そのために多少手荒のことがあったかも分からないが、私怨によるものでなかったことを理解してもらい、私刑沙汰は絶対にやらないことを誓って欲しい。

　朝鮮人側は、全く予期していなかった早手回しの提案に驚いていたが、私の早期決断を高く評価してくれ、日の丸の国旗は私の居る間は上げさせて欲しい。ただし、その下に朝鮮の国旗も同時に掲げたいということで、一切の話し合いは円満のうちに終わった。

機関区警備隊

　8月23日だったと思う。機関区警備隊へ挨拶に行った。警備隊の規模等は今さら知る必要はないと思っていたので調べていなかった。隊長は、少佐（馬山では少尉であった）で「機関区にどんなことが生じても守り抜くから安心していて欲しい」と。そこで私は、「決して手荒なことはしてもらいたくない。多分皆さんの力を必要とすることは起こらないと思う」と。

　2〜3日して訪ねてみると1人の少尉が懸命に荷造りをしていた。

　「少佐はどうされました」
　「行方はわかりません」

「あなたも何処か引き揚げられるのですか」
「そうです」
　荷造りの手を止めず、非常に慌てている様子であった。軍に頼る意志は毛頭なかったが、非常な空しさを感じ、兵隊ならばともかく、職業軍人のこの有様に怒ることも忘れてしまっていた。
　北朝鮮の警備兵も皆この調子で護らねばならない人民をそのままにして、御身大切とばかりに競って投降したのではないかと思われた。もう10日間、いや1週間、せめた2〜3日持ちこたえ、開拓民の引揚げを考えていたら、これまでの戦争にない大悲劇は起こらなかったと思う。
　シベリアに抑留された56万人の将兵には、誠に申し訳のないことだったと思っているが、陰に満蒙開拓民の大なる犠牲のあったこともこの人たちは考えて欲しいと思う。
　泣く子も黙る関東軍と言われていた。なぜこうなったのか聞きたいものだ。

新機関区組織

　私を幸せにしたことは、私の後任つまり、機関区長代理に養成所の後輩が、また運転の総元締には、鉄道学校の先輩が任命されたことである。

混乱の中の私の責任

　9月に入ってからは一切の仕事はなくなった。相変わらず、どこからも何の指示もない。機関区の日本人従業員200名は全て区

長任せと言うことで至極平穏であるが、それだけに私は、責任の重大さを感じていた。そこで、米軍進駐前に、女子、老人、子供は内地へ返したい。そのために清凉里＝竜山間の臨時旅客列車の運転を依頼したいと考えた。

時に、Ａ機関区長は追放された。Ｂ機関区長は抑留された等々よからぬ噂が頻々と入ってきており、戦犯としての責任を問われるのはやむを得ないとしても、それまでには、この計画を実行し、身軽になって、心置きなく裁きの庭に立ちたいと思った。

電話連絡は不可能なので京城鉄道事務所へ日参を始めることにした。

朝鮮清凉里発７時頃の通勤列車は鉄道員が多いので安全だったが、帰りは竜山発午後５時30分頃の列車であり、内地から引き揚げてくる朝鮮人がたくさん乗り合わせ、口々に内地に於ける待遇の不満をブッているので何となく肩身が狭く嫌だった。電車の利用もできないこともなかったが、ほとんど内地人は見受けられず、軍人が殴られた等を聞くと利用する気にはなれなかった。こんな苦労や冒険はとにもかくにも、この折衝ができるのは私しかいなかったことが、口惜しかった。

貨車４輌による臨時列車

ようやく、９月10日になって明くる11日午後12時頃、清凉里発竜山行の臨時列車（貨車４輌編成）の運転が認められ、竜山からは普通旅客列車の後部に連結し、釜山まで直行することになった。貨車を利用したのは、荷物を全部下に積み、その上に楽な姿勢での旅を考えたからである。この旨、清凉里地区全内地人に通

知すると共に機関区の人選も決定し、釜山までの付添として男子10名を添乗させることにした。

　このようなことで、私は、毎日留守をしていたので、私の家の引き揚げの準備は全然できておらず、その上妻は、風邪のため微熱が治まらず、皆と行動をすることが危ぶまれる状態となった。一時は同行を見合わせることに決心したが、翌日私の官舎の横にあった鉄道局の診療所の先生によく診察してもらい注射を打ってもらったところ、少し気分が良くなったというので、全くの準備なしで同行することにした。私は、内心皆のためにと思って尽くしているのに理解のない機関区の幹部に怒りを感ぜずにはおられなかった。

　この引き揚げ計画による最高責任者として若狭事務助役を指定した。そして、内地人の共済名簿の持参を指示し、その旨、朝鮮人側にも連絡していたのであるが、この指示に従わず、皆が引き揚げ後大変なことになってしまった。彼、若狭助役は3年前に国鉄から来た人であったので共済名簿には関心がなかったことは想像されるが、事務助役の立場から当然の任務でもあるはずであり、区長の指示を無視したことは許せないが、人選を誤った私の責任は免れないと今日（こんにち）でも残念に思っている。

　いよいよ乗車の時刻が迫ってきたときは準備不足のため、断腸の思いがした。妻32才、長男12才、二男9才、三男7才、長女1才の4名の旅であり、妻はまだ快復しておらず、その上乳呑児を抱え、分別のない三男のこと等、妻の苦労を思うと、せめて釜山まで同行してやりたいと思ったが、立場上それも出来ず、長男に母を助けるようくれぐれも頼むしかなかった。

　私の官舎が皆と少し離れていたこと、転勤草々であったこと

等、妻には顔馴染みがなく、そのへんのことは事務助役がうまくやってくれると期待しながらも、この時の別れはいつまでも心残りになっている。

このようにして、帰国を急かす傍元の運転課第二車輌掛長が釜山地方交通局運転部長になっておられたので、部長は手ぐすね引いて待っておられたが、列車の着く一日前に米軍が進駐し、貨物扱いは一切停止となってしまった。

こんなことなら、ゆっくり帰れば良かったとも思ったが、反面万策を尽くしたのだから後悔はしなかった。

一方、妻の苦労は大変なものであったようだ。おにぎりの準備も十分でなかったので、米1斗を持たせたが炊く術もなく釜山について機関区の益済寮を訪ねたところ、心からのもてなしを受け、益済寮のご夫婦のご恩は忘れられないと言っている。反面また、気丈夫なところもあり、前出の通り仙崎へ上陸した時忘れた仏様を船中へ取りに戻ったり、朝鮮紙幣と日本紙幣の交換を下関駅の二階へ上ぼり駅員に頼むなり、4人もの子供を連れて男でも容易にできないことをやっている。同行の皆が内地からの列車と行き違いの際、紙幣を交換しているのに気付かず、何をしているのかと思っていたようで、このような場合、責任者は皆に教える必要があったと思う。

下関駅へ着いてそれと気づいたので、人影の少ない駅の二階へ上り、一人いた駅員に事情を話したところ、すぐ4〜5人の朝鮮人を呼んできて取り替えてもらった。その時駅員は、しっかりと腰に縛り付け落とさないようにと親切に助言してくれ、全く地獄に仏の思いがしたと言っている。ここで一つ間違えば大変なことになっていたとも思うが、妻の知恵と勇気に驚いた。

下関からようようの思いで引き揚げ列車に乗り幼児を抱えて座っていたところ、岡山辺りから4〜5人の男女に取り囲まれ、その中の一人の女が妻に座席を譲ってくれと執拗に迫ってきた。これは全く言語道断の話で、乳呑児を抱えているのですら大変なのに、座席を譲れとは口が裂けても言えないはずである。
　また、この状態を見ていて責任者はもちろんのこと誰も助けてはくれなかった。敗戦の瞬間から真の日本人はいなくなってしまったのである。下関の駅員のような人は暁天の星のような存在で、妻は運が良かったと感謝している。
　この一団の狙いは、妻が腰に巻いていた金目当てであり、スリの一味だったろう。
　大阪で彼らが下車するとき小さなバッグを1個持って行かれた。中身は大したものでなかったが、ロンジンのストップウォッチを入れていたので惜しいと思ったが、妻は、よく耐えてくれたと感心した。
　はるばる朝鮮から長い日数をかけ、少しの気の休まる暇もなく引き揚げて来て、故国の土を踏み、安堵する束の間もなく、この仕打ちは戦時下であり、将来が急に不安になって来たと聞いて、私は、改めて腹立たしく思ったが、妻の予感は杞憂ではなかった。
　妻が生まれた土地、七尾へ着いたのは9月14日で、4日間の旅であったが、妻にしてみれば長い長い言語につくせない茨の道の旅だったと思う。乳は止まってしまって一滴も出ず、岳父は、この子（長女）は助からないと思ったと後で私に話されたほどだった。
　満蒙開拓団の人々の悲しい胸中が理解できると思った。同時に妻はどんな思いで娘を見ていたか、一刻一刻とわが身を削られる

思いをしていたと思うと涙が出た。錦を飾っての帰郷ではなく、さすがに妻にとっては耐えられないものであったに違いないが、幸いにして父一家は戦争被害者として好意をもって迎えてくれたことに慰められたのは言うまでもない。心からご厚礼を申し上げたい。

一方、私の方は、心の休まる日はなかったが、取り立てて言うほどのことはなかった。ただ、満蒙の悲劇の噂が毎日のように聞かされた。

そんな10月下旬のある日、機関区では内地人全員の送別会を朝鮮人全員で行ってくれた。一杯入ると何か起きるのではと心配もあったが、朝鮮人幹部がしっかりしていてそのスキを与えなかったので平穏の中に終わった。

このように朝鮮人従業員、特に幹部の方々の心くばりには感謝するばかりであり、私は次のように挨拶した。

日本では敗戦の将は兵を語らずと言われており、私は、何にも申し上げることはありません。

終戦後今日まで皆さんは立派に使命を果たされましたので、我々日本人は心置きなく帰らせてもらいます。鉄道の使命は民生の安定と文化の向上に不可欠の要素を持っており、皆さんのご精励を心から祈念してやみません。

終わりに皆さんのご健康をお祈りし、ご挨拶に代えさせてもらいます。……と。

米兵二人につかまる

そして、この人達の好意に報いたいと思い、予てから書いてい

た朝鮮鉄道独自の「機関車の修繕方法」の完成した原稿を朝鮮人側に贈り、製本して活用してもらうことにした。その礼を兼ねて11月の始めに朝鮮人幹部が私をお別れの夕食会に招待してくれた。そして、心のこもった懇ろなもてなしを受けた。

　夜の9時頃一人で官舎へ帰る途中後ろからコツコツと軍靴の音が聞こえてきた。すぐ逃げればよいのに、歩調を早めただけだったので、すぐに捕まってしまった。二人の米兵が私の両側で腕を一人ずつ抱え込み、山の方を指さし歩くよう促した。シマッタと思ったがどうにもならなかった。実は、明年4月までの給料及び退職金など3千円近く持っていたと思う。よく米国等を旅行する時は、小銭入れを持っており、ホールドアップされたら小銭入れを渡すよう（渡さないと殺される）言われてきたが、この頃は、もちろんそんなことは知るはずもなく、最悪の事態は殺されると思った。

　官舎二棟で残留者全員合宿していたので、その前20mばかりの通りを通っているのだが、誰も気が付くはずもなく賑やかに騒いでいる声が大きく聞こえていた。

　万事休すで妻子の顔が浮かんできた。そして、一心に神仏の加護を念じた。その上で山で射殺されるよりも、ここなら犯人は米兵と分かると思っていたところ、官舎から相当離れ安心してか米兵はうでを外したので、官舎目がけて突っ走ったが、米兵はピストルは撃たなかった。こうして私が九死に一生を得られたのも、神仏や先祖や家族のお蔭と今でも思っている。

　官舎の中へ飛び込んだ顔は真っ青であったらしく「どうしましたか、どうしましたか」と一同寄って来たので、一部始終を話し、夕方6時以降の外出は禁止することにしたが、終戦後でもこの有

様であり、戦時中は大変だっただろうと思った。

帰　国

　逐次内地人従業員を帰国させ、最後に私と主席運転助役（福井県出身）二人になった。そして、いくら待っても上司からの指示がないので、私は、11月15日朝7時頃清涼里発の列車で帰国する旨朝鮮人幹部に伝えた。早目に官舎を出て機関庫や機関区事務所等と最後の別れを心ゆくまで行った。勤務中随分と別れはあったが、こんな意義深い悲しい別れはなかった。そこへ、朝鮮人の幹部も集合され、小さな私の荷物を持って列車の出るまで見送ってくれた。

　かつての僚友も戦敗国と戦勝国とに分かれるという現状の厳しさ、歴史の苛酷さをひしひしと感じたが、この人達は内地人以上に落魄（おちぶれること）した私達を温かく見守ってくれたことに厚い厚い感謝の誠をささげずにはおられなかった。

　15日の夕方、釜山港に着くことができた。そして、4～5日前から出発していた先発隊と合流することになった。先発隊の釜山港出発は17日夕方ということで、待ち合わせ日数が短縮されたわけである。ここまで来ると精神的にも肉体的にも限界を感じ、港の待合所から出る気にはなれなかった。

　しかし、残念なことに、ここでまた、問題が起きてしまった。朝鮮人の人々が釜山神社に火を放ち焼いていたところへ清涼里機関区員が顔を出し、その行為を詰（なじ）ったということで捕えられ、MPへ突き出され一件落着するまでは清涼里機関区員は出港罷（まか）りならぬという連絡が入ってきた。出港の遅れることはともかく、抑留さ

第3章　朝鮮総督府鉄道局就職　159

れている区員を自由にしてやらないと、発疹チフスにでもおかされると大変と思い、世話をしてくれている鉄道関係者に早期解決にはどのような方法があるのかを打診してもらったところ、金銭による解決しかないということであった。

　たくさんの金を持ち合わせている者も居らず、皆で出し合うとしても帰国後、どのようなことが待ち受けているかも分からないので、一文たりとも余計な出費はかけたくない。そこで、私は、持ち合わせていた黒のジョニーウイスキー２本（前出の前原医師から餞別としてもらったもので当時は相当高価なものだったと思う）を出して解決を依頼した。

　このウイスキーは、岳父が贈ってくれた津田越前守助広の軍刀（朝鮮総督府へ供出した）の謝礼にと思っていたのだが、青年の身代わりに出したと言えば岳父も満足してくれると思ったからである。

　そのお蔭で清凉里機関区員は17日の出港が許され、18日の朝仙崎港へ上陸することができた。

　その日の夕方、東京行きの列車に乗車する際、私は、荷物を同僚に頼み、まず座席を取るため列車に乗り込んだが、ここでも手違いが生じ、私の荷物は行方不明となってしまった。格別大したものはなかったが、制服等が入っていただけに、途方に暮れてしまった。列車の中を隈なく探したが見当たらず、またもや神仏に心から祈願せずには居られなかった。

　早朝、岡山駅に着いたが諦（あきら）めきれずにいた。そして、何気なしに反対側のホームを見たところ、岳父からもらった軍刀の下げ緒で荷物の口を締めてある、一目で分かる私の荷物が置いてあるではないか。

この時の嬉しさは例える言葉もないほどであった。深く深く神仏にお礼を申し上げた。

第4章　太平洋戦争について考える

(1) ロシア、ソ連の非友好

　年表にあらわれているとおり、ロシアそしてソ連は、日本にとっては徹頭徹尾、非友好的で非常識極まる国ということになる。

　つまり、明治に28年の三国干渉はロシアが首謀者であって、日本人は切歯扼腕したことは言うまでもない。その返礼として東清鉄道施設の権利を得、それをきっかけとして満州へ進出を図り、この老獪なやり方にたまりかね日露戦争となったのである。

　日本は、この戦争に勝ったが、明治38年のポーツマス条約は日本人にとっては極めて不満なものであった。

　昭和20年8月6日広島へ米軍の原爆が投下され、9日ソ連は、日ソ中立条約を一方的に破棄して日本へ宣戦し満州へと侵入、日本人満蒙開拓団の婦人子供に甚大な、天も恐れぬ被害を与え、その被害は、いまだに続いており、そのうえ、56万人を酷寒のシベリアへ抑留し、飢えと酷寒と酷使のため、その10％にも及ぶ5万3000人もの死亡者を数えるに至らしめている。

　日本は、同月15日降伏し日本及び連合国軍は即日停戦に入ったが、ソ連軍は、同月18日北千島に侵入、9月4日北方四島を完全に侵略し、ここにも日本人に大きな損害を与えるに至っているのは非常識の極みである。

昭和26年のサンフランシスコ講和条約にはソ連は調印せず、いまだに国交は回復していない。それなのになぜ日本は今必要以上とも思われるロシア援助をしなければならないのか。
　昭和31年（1956年）12月ソ連の反対で延びていた日本の国連加盟が決定した。
　このように、ロシアそしてソ連の一連行動は、日本人に忘れようとしても忘れることのできない深い傷痕となっていて永遠に消えることはないと思う。
　スターリンは、このような残酷な仕打ちは日露戦争の報復だと言っているが、ロシア人捕虜の日本の扱い方について、当時の新聞をもとに平成5年（1993年）1月22日付北國新聞に記載されている一部を示したい。

　　ロシア人捕虜は日露戦争の末期近くになった明治三十八年（一九〇五年）三月から、金沢へ六千人余も連れてこられ、当時あった兼六園内の勧業博物館や金沢城内の第七連隊兵舎、さらには市内の寺院などに分散して収容されていた。
（後述するが、この一事だけをとってみても、日本軍シベリア抑留者の場合とは雲泥の差がある。）
　　明治三十八年三月二十九日付北國新聞に掲載されている献立表は「将校の分」で、一週間の食事内容が詳細に伝えられている。それによると、牛肉骨だしの「ビンスープ」やビーフステーキ、魚のフライなど洋食中心。デザートにはカステラやライスケーキ、果物までついている。さらに間食としてコーヒーやビスケットが毎日出されるなど至れり尽くせりのもてなしがうかがえ、資料委員会のメンバーを驚かせた。

これに対するソ連のもてなしはどうだったか。

極寒のシベリアに眠る友よ

平成5年（1993年）2月3日付北國新聞「地鳴り」「酷寒のシベリアに眠る友よ」（福田秀男氏）

　　氷点下四〇度。バイカルからの風は強く、ジミランカの壊れた窓から吹き付ける粉雪は着ている外套（がいとう）を真っ白にした。ただ一枚の外套が唯一の防寒具で、寝るときはそれを逆さまに両そでへ足を通して着て寝た。労役に疲れきった体に、ひざを抱えて眠ろうとするが、ひもじさのためなかなか寝つかれない。
　　一日二百グラムの黒パンと飯ごう半分のスープでは到底重労働に耐えられない。そんな中で毎日一人二人と死んでゆく。今日は担ぐ方、明日は担がれる方と冗談交じりに寂しく笑う。いてついた土を四苦八苦して掘り起こし、裸の戦友の遺体を静かに穴に落とす。土をかぶせてから心から手を合わす。
　　なにか印を立てようと思っても、ソ連の兵士はそれを絶対に許さない。あれから四十数年。今あの原野に立って戦友の墓を探そうと思っても到底分からないことだろう。シベリア、あれは地獄の毎日だった。平和のありがたみをつくづく感じる。

もう、これ以上は書けない。あまりにも悲しすぎると思っていたが、もう一度どうしても書きたくなった。

日本人の墓地の石遺族に

　平成5年2月22日付北國新聞に「日本人墓地の「石墓地の遺族に」荒れたる墓に心を痛めたロシア人女性から届く」とある。
　イルクーツク州のジマ市出身のロシア人女性から21日までに、終戦直後の過酷なシベリア鉄道工事で倒れていった日本人捕虜たちが眠るジマ市の日本人墓地の小石が石川県ロシア協会に届けられた。当時6千600人余りの日本人抑留者が死亡したと言われるものの約800ヵ所の墓地はほとんど整備されていない。
　40年以上の歳月とシベリア開発で英霊たちの墓地が失われていく様子に心痛めた女性が「せめて小石なりとも遺族の方へ」と訪日中の石川県人に小石を託した。
　現在のクラスノヤルスク市に住むジマ市出身の元教諭イライダ・イヴァー・ブラ・ダニールシキナ氏。
　終戦後、自宅近くに病院があった関係で捕虜になった日本兵士の遺体が運ばれていく光景を目の当たりにする毎日だった。
　彼女の手紙には「死者は数人ごとに柩にも入れられず荷馬車で運ばれ、はだしの黄色い足が下からのぞいていました。亡くなった日本人の墓には日本語で名が書かれたベニヤ板の杭が立てられました」と。
　最近は日本人墓地が壊されロシア人の新しい墓が造られ日本人の墓地が跡形もなくなっていくことに心を痛めてきた……と。
　これに対し日本政府はどんな手を打ったのか。
　次は満州開拓団員とその家族及び中国東北地方に於ける日本人に対するソ連軍の無法行為である。シベリア抑留者の毎日は地獄であったと。満蒙開拓団員の労苦も大変なものであった。

これらの大悲劇の全貌がいつの日か明るみに出るであろう。家永三郎元東京教育大教授はどのように書いているのであろうかは知らない。
　次の一文は昭和61年3月9日北國新聞付の「時鐘」からである。

　「歴史に『もし』はない」という。たしかにそうではあるが、そうであっても、やはり「もし」を考えるのは、中国東北（旧満州）に対するソ連軍の"無法な武力侵攻がもしなかったなら"である。こんどの中国孤児たちの身の上を読み、つくづくそう感ずる▶あのとき、長春（旧新京）に入城したソ連軍司令官は「世界の主要国の首都で全然爆撃を受けていないのはアメリカを除き長春だけである。それだけに物が損なわれずにそっくり残っている。われわれは公の物は全部頂く、足りねば個人の物を頂くかもしれぬ」といったそうだ。（中公新書「満州脱出」）▶この発言どおり、旧満州の町々ではソ連兵によるすさまじい略奪が始まった。「ダワイ」（よこせ）といって、日本人たちが身につけている物をかたっぱしから奪い去っていった。それは、まだいい方だ。困ったのは「生活」を奪ったことだ▶「住む所」の略奪である。住宅の明け渡し命令がひんぴんと出された。彼らは突然やってきて、三十分から一時間以内に立ち退けと命令する。もちろん、ピストルや銃剣でおどしてのことである。この短時間では何にも持ち出せず、ほとんどの品物を置いていくことになる▶そうした日本人には売り食いするにも売るものがないのだ。例え、売る物があっても手に持てる程度、すぐ限界がくる。背にした、あるいは手をつないでいる幼児は「飢え」を訴える。その声に親たちはどうしたろうか。子の「命」のため、親は慟哭（どうこく）の別れをしたのだ▶あの"むごい略奪"がなかったなら、中国孤児の

数は何分の一といった数で済んだかもしれぬ。

　日本の偉い先生方は日本軍の悪いところは余すことなく発しているようである。日本軍も武士道は日清戦争時は完全に守られており、日露戦争時はだいぶ緩み、太平洋戦争ではさらに緩んでいたと言われているが、悪一辺倒でもなかったと思う。
　埋もれている善行を掘り出すことも、無抵抗の土地へ乗り込み"むごい略奪"を欲しいままにしたソ連軍の行動も明白にすることは史家の責任と思われる。

奇跡はあった

　前出の「もしも」で何があったら満蒙の悲劇が軽減されていたのか。
　こんなことを言うことは良くないことかも分からないが、私共も前出の通り、満蒙の人々の何百何千何万分の一にも及ばないかも分からないが、体験しており、軍の生き方も垣間見たのでひとごととは思えない。
　ゾルゲの「日本は南」の暗号電報でスターリンはナチスに全力傾注ができた。と言われている。
　「もしもソ連は東南」の暗号電報が日本軍に届いていたら、満蒙の悲劇を軽減することができたであろうか。

日韓・日朝関係

　私は、日韓・日朝関係が必ずしも良好でないのに心が痛む。私

は、戦前の朝鮮に20年以上も住んでいたことになるが、韓国や北朝鮮の人々から植民地政策に大きな苦情が寄せられていることに戸惑いを感じている。実は私は、植民地という感触は持っていなかった、親愛なる弟といった感触であった。

　私の経験では、良好な治安の維持、交通通信網の良好な維持発展、良好な教育制度の振興、金融制度の整備、良好な経済発展への寄与等庶民の生活に関するものには、日本本土と変わらないものがあったと思う。特に、私の知っている鉄道は飛躍的に発展を続けていたと断言できると思う。

　このようにして着実に近代化は進められていたが、日朝間には能力的に差のあったことを感じていた。

　韓国が独立後飛躍的に発展したのは、同国民の優秀性によるもので、それはまた着実に進められていた近代化の影響にもよると私は考えている。伝えられている姓の改変が大きな苦痛を与えたようであるが、表面的な内鮮の区別をなくして良好な人間関係の維持を図ろうとしたもので、悪意によるものではなかったはずであり、このような行き違いはあるいは少なくなかったかも知れないと思うに至っている。

　以上は卒直な私の体験からものものであり、内鮮融和には日本人は努力し、私も微力ながら努力したつもりである。

　次の記事は、旧朝鮮、台湾に関係ある者として熟考すべきものと思う。

　北國新聞（夕刊）平成6年（1994年）10月22日（ソウル・台北西倉共同記者）解体、保存に韓台世論の差…明暗分ける二つの総督府…日本統治時代の総督府庁舎の解体をめぐっての世論

　金大統領方針…昨年初め金詠三大統領が「韓国の精気を回復し

歴史を清算するため」として光復（解放）50周年の来年8月15日を期して解体方針を打ち出して以来、解体の是非をめぐって国論を二分する議論が起きている。

　歴史学者など専門家の間では反対論が大半だが、今回の韓国取材では取材お断りが相次ぎ困った。その点例外とも言える李副教授（鮮馥、国立ソウル大学副教授で反対陣営の論客）は、「非国民に等しい親日派とのレッテルを張られるのを今でも多くの韓国人が恐れている」と指摘している。

　51年間にわたり、日本の統治下に置かれた台湾では、李登輝総統が「私は22才まで日本人だった」と公言してはばからない。年配者の間では「親日派」はむしろ誇りの称号だ。亜熱帯の強い日射しに赤レンガ造りの偉容が映える台湾総督府庁舎は、現在も総統府として李総統が毎日執務している。

　歴史的建造物保存の市民運動の名誉会長を務める林衛道元淡水大学教授は「私は、日本帝国主義の元凶として台湾総督府だけは解体すべきだという意見で、韓国の総督府解体決定のニュースを聞いたときは涙が出るほどうれしかった。しかし、台湾では私のような考えはまったく孤立している」と嘆いていた。

恨みは根深い

　こうした対日感情の相違は、日本統治が旧植民地の近代化に及ぼした作用と切り離せないと指摘するのは鄭在貞ソウル市立大教授（国史学）だ。鄭教授は「日本は独立王朝として長い歴史を持つ朝鮮を丸ごと植民地化したが、国の自前の近代化の道をふさいでしまったことが根深い恨みの底流になっている」と説明してい

る。台湾の場合は、事情はより複雑だ。呉密察国立台湾大学助教授（歴史学）によると、中国大陸からの開拓民と先住島民とがばらばらに住む辺境社会だった台湾は、日本統治による近代化の洗礼を受け、初めて台湾人として住民の一体感が生じた。

国民党の圧政

さらに日本人が引き揚げた後、大陸から乗り込んできた外省人の国民党政権が、少数支配の圧政を行ったために人口の85％を占める本省人の間で、日本時代の方が相対的に良かったという心情が定着したという。

以上は一部省略し概要をまとめてみたもので率直に言って鄭教授の意見に異論はあるものの、私は、日韓、日朝関係が良好に推移することを願ってやまない。

(2) 経営について

経営学

戦後、私は朝鮮鉄道機関区長時代に全力で取り組んだ経験を生かし、民間企業の経営に真剣に取り組んだ。

経営学は、経済学の一分野であり経済学を根幹とし、その思想を十分に活かし、これまで築き上げた経営的諸法則、諸手法に創造性を加えて適用し、例えば経済単位である会社企業の経営では企業の安全性、成長性、収益性の極大化を図るための研究を行う学問であるということができる。

従って経営学には理論経営学と実践経営学とがあり、前者は実施中の経営法則や手法を分析追及して新しい法則や手法を作ることで、主として経営学者の担当であり、後者は前者により発見された法則や手法にさらに創造性を加えて実務に具体化していることで、主として会社企業経営者の担当となる。

ヒラメキこそ究めて

　時代の推移によって変化は甚だしく価値観さえも大きく変わることがある。特に技術革新、情報化時代であり変化に対しては経済学も経営学もダイナミックに対応していかなければならない。
　しかしながら知識だけあれば経営はできるというものではない。
　知識を実践し訓練を重ね知恵としなければならない。そのことは経験、熟練、能力を豊富にし、優れた直覚が生まれることを意味している。
　ヒラメキを感じることのできない経営者は、経営者足り得ない。

(3) 経営の根幹

会社企業の目的

　次に生産会社企業経営の根幹についてである。
　会社企業の目的は、稀少性諸資源（ヒト、モノ、カネ）や知恵、情報等を最も効果的に活用し消費者の欲する財やサービスを提供

して社会に貢献すると共に、会社企業の生存と成長発展を図るために必要な利潤を追求することである。

具体的に消費者の満足する財やサービスの提供に努め、会社企業の生存と成長発展のため利潤の拡大を図り、資本家の利益を守り、従業員に対して雇用の安定、生活水準の維持向上、福祉の増進を図り地域社会との相関と調和を確立していかねばならない。

組織目的－会社企業の組織目的

会社企業の目的達成の手段として組織目的を作成、徹底させなければならない。会社企業の組織目的は、合理的な経済、経営理論とすぐれた経済、経営技術の展開により、経営の科学化を図り、人材の育成、設備機械の革新、販売力の強化、金融の対策、実質資材の取得等に最善を尽くし、全従業員の心からの協同により会社企業の目的を完遂するにある。

会社企業の生産過程が科学化、合理化、能率化され良い商品が安価でたくさん生産されたとしても、市場には制限があり市場対策が重要となってくるので、市場需要に即応できる弾力性のある会社企業の組織目的、さらには市場需要を創造する会社企業組織の組織目的が必要となってくる。

責任の明瞭化

このようにして最高経営者は、会社企業目的、会社企業組織目的をもって自己の信念と責任を会社企業の内外に明瞭にしておかなければならない。

経営層の職能

　社長、常務会、部長会よりなる経営層は、経済、経営理論を駆使活用し生産手段を最も能率的に使って、消費者の満足を得るような財やサービスを提供して社会へ貢献するほか、対会社企業、対株主、対従業員、対地域社会につき満足すべき状態の維持に努力しなければならない。

意思決定

　意思決定とこれに伴う行動には衝動的感情に訴える素因が必要であり、それによって強い意志が働き結果を判断して手段としての方法を考え意思決定を行い、行動へ移って行く、という過程がなければならない。
　つまり、ある素因に対する人間行動は、意思決定に始まり次いで合目的的な行動に至るものであり、意思決定は目的達成に対する手段となる行動の選択決定である。従って会社企業の組織が立派に機能するか否かは会社企業組織の最高経営者及び各部門の責任者の意思決定と、これに伴う会社企業組織構成員の合目的行動の実践如何によって決定される。
　しかし、意思決定には常に大なり小なり不確実的要素を含んでいるので必ずしも成功するとは限らず、通常では成功してあたりまえ、失敗すれば責任を追及されるという性格が強いので、冒険の伴う意思決定は回避されがちであり最高経営者の経営姿勢が問われることになる。
　例えば60％の可能性があれば、意思決定せよと言われている。

40％は不確実的要素のためこれを克服しなければならず、ヒラメキを得て勇気をもってあたらなければ最高価値は得られなくなる。

　ところで意思決定の素因となるものは内外の環境の変化であり、有効なコミュニケーション活動によって一種の衝動的感情により選択されるものである。

　例えば景気が恐慌状態にある場合、または企業の内部危機が叫ばれている場合等では上司の僅かな意思表示により部下は、期せずして小異を捨てて大同につく意思決定をおこなうものである。

　アメリカのテキサス、インスツルメンツ社では、女子従業員の作業グループへ、受注条件が大幅変更になったことにより採算が著しく悪化したので会社が危機に陥っているということを率直に訴えたところ、彼女たちは、自主的に幾度も作業合理化に対する意思決定を重ねた結果、これまでの約4倍の生産量の向上に成功した。

　北国繊維工業羽咋工場で製品の品質が著しく悪化し、工場の危機が表面化した昭和37年11月のある日、粗紡部署の女子の見廻りから、「品質が悪いことをなぜもう少し早く知らせてもらえなかったのですか。私達にもやりようがあったのに」と言われ大いに恐縮すると同時にこうした内部環境に刺激され善玉我執の大奮闘によりヒラメキを得て工場を立て直すことに成功したことは知る人ぞ知るで詳細は後述したい。

最高経営者の意思決定

　最高経営者の職能の中で最も重要なものは、企業目的の設定と

企業組織を合目的的に運営して企業目的を完遂することである。このために経済的、政治的外部環境及び組織運営上の内部環境により意思決定を迫られることになる。

つまり自社のおかれている社会環境を十分理解した上で、移り変わりの激しい経済、政治関係をよく観察して方針を修正しなければならないか否か。

また組織におけるそれぞれの部門の意思決定を促進したり　抑制したりして組織の高能率的運営を目指し、所期の通りの運営ができているか否かを分析して、方針を修正しなければならないか否かの意思決定を図らなければならない。即ち、経済、政治環境への適切な対応と組織の合目的的活動に対応する組織開発と組織育成保護のための意思決定である。

経営者像

ここで、経営者像を考えてみたいと思う。

1. 経営者は、これまで述べた経営上の諸問題に熟達していて企業組織、職務分掌、年・月間予算等は自ら作ることが必要であり同時に自我を捨て法真理を探求してこれに従う人間としても熟成していなければならない。

   経営者は、自己を経営者として自覚すると共に人としても自覚しなければならない。即ち、経営者は、経営者として人間として大なる経験をしたものでなければならないと同時に経営者は健康上、能力上問題ありと感じたら進んで退くことが大切である。

そこで、経営者の教養の程度は、自然の理法（神）と同化するものであり、普遍的で特殊な社会に偏ったものであってはならない。

2. 経営の良否は短期の結果の良否だけではない。それは、哲学や宗教のように、より良き人生を創造するための一つの機関としての性能を併せて持っていなければならないからである。人間が現在を超越してさらにより良い現実に進もうとする努力の結果が、実績として表現されなければならないので、一期半期の実績で即断すべきものでなく、その企業及び企業人がいかに育ちつつあるかが問題である。

　より良く生きようとする意志を欠いた企業人は、単に機械的に動いているに過ぎず、張り合いを失ってしまっており、向上などは望むべくもない。

3. 内省を軽視する経営者は成功しない。つまり、必要以上の妄想や萎縮も内省により是正されるからである。

　そして内省とは、総合的無意識知の誘導によらなければ効果は少ない。真の自己内省は結果の良否の判定であり、未熟に対する自己憐憫（れんびん）であるほか、大いなるものに支えられている反省から自己完成へと磨きあげねばならない。それには強烈な自己愛がなければならない。

4. 真実を直視または直覚できる能力の養成（例えば内省を厳格にする等により）に努めなければならない。つまり、資料や現物を見てその本質を見通す眼力を訓練することである。粉飾決算も解らず弱小者の最大の協力も見逃すようでは企業に大きな損失を与えることになる。

　またこれは部長の考えか課長の考えかも直覚できねばなら

ない。さらに真に賞に値する者以外は賞すべきではない。

5. 　経営者は、我痴、我見、我愛、我慢（慢心）我執、我所執等「我」に執着して己惚れ迷ってはならない。常に意を浄くして大志を抱き大成を図らなければ経営者とはなれない。

6. 　経営者の悩みは、側で想像する以上である。経営者はこの悩みと戦いつつ真の自己完成への努力により運命を開拓していく。この悩みとこの努力とにより経営者は経営の最高峰へと導かれるのである。

7. 　経営者は、自己を良くしようとするならば努力の焦点を自己の内省におかなくてはならない。経験の蓄積と内化と人格の清浄と強化とにより、総合的無意識知の増殖とその活用つまり、無限の可能性の発揮に努めなければならない。

8. 　経営者は、秩序維持のため社会や上司の権力に服従しなければならないこともある。しかし、この場合経営者の道徳的意志をも喪失してしまえということではない。むしろ、内面的知覚こそ忘れてはならない。

9. 　経営者は、自己よりすぐれた者に服従することは当然である。それは、経営者自体を正しく伸ばすために役立つからである。

　経営者は、自己練磨を抜きにして絶対に上司に対し服従することは自己を生かすことにはならない。

　つまり、服従は自己の懶惰（なまけること）によるものであるから常に自己の知覚の向上を図り、自意識において盲従を避け対立を避けながら自己を生かしていかなければならない。自己の責任を他に転嫁して他に服従することによって過失の少ない途を選ぶことは、いつまでも自立の努力を失わし

むることになる。

　　反面、自己の責任を他に転嫁してはならない。失敗や過失は前進のための授業料との説もあるが、経営者の失敗や過失は概ね許されない。

10.　経営者は、もし対立することがあれば、さらに自己練磨に励み道の途中に自己の確立を得たならば、上司や先輩に対し自己を生かしていかなければならないが、この場合、最も大切なことは相手を立てるようにして自己を立てていくことである。

11.　経営者がもし師を求むるとするならば、経営者自身の持っている無限の可能性を引き出してくれる力の持ち主でなければならない。さらに経営者を徹底的に解剖して改善するための限りなく無理を強要する偉大さもなければならない。

12.　最高経営者は、良いブレーン持っていなければならない。

13.　経営者は、何もかも抱え込まず、出来るだけ権限を委譲し常に頭の中に余裕をもっており、新知識を受け入れやすくしておくことが大切である。

　　但し、権限は移譲しても責任は移譲できず、従って前記4による直視または直覚能力を身につけておかねばならない。

14.　経営者は、日々その実績を向上させなければならない。これによって経営者は生き甲斐を感ずることができる。

15.　成長の欲望を持たない経営者は経営者ではない。経営者は毎日が創造性の発揮でなければならない。

16.　経営者は、観察によって刺激され結果によって刺激され、それらを原動力として蔵敷の蔵へ手を突っ込み想像力をかち取らねばならない。

刺激や衝動の起こせない経営者は経営者ではない。
17.　経営の本質は人生のためになければならない。経営は社会へ奉仕する、あるいは社会へ貢献しなければならないと言うのもこのためで、苟も人生に苦痛を与えたり損害を与えたりしてはならない。経営学の根本が哲学や宗教に立脚していることを知れば自ずとこの結論に到達するのである。
18.　経営者の経営のすべては結果で示されるのであり、このため艱苦と孤独との戦いを強いられることになるので、何事にもへこたれないで不屈の精神を持たなければならない。
19.　経営者の属する社会の理想が経営者に上がっても理想となるのは、経営者の人間的側面の理想と意を浄くすること、即ち、「我」を捨て徳を積み善を行うことにより繁栄する社会であり、企業も同様で歴史の移り変わりにより変わるものではない。
20.　経営者の経営的側面からの理想とは、自然の理法に挑戦することになろう。従来の原理、原則としてきたもの、即ち法の破壊と同時に法をより高めるものでなければならない。実現が全く不可能視されるものは理想として掲げることはできないが、技術には不可能はないと言われており限界はむずかしい。

　実現を求めながらも、まだ実現されていないところに理想はある。さらに理想を理解している者は高い理想を掲げ、それを征服できず大きな失望を感じながらもなお挑戦の意欲は捨てないであろう。

　それによって本質的なものの飛躍が考えられるからである。また理想に対し現実を一歩一歩近寄らしめながら、さら

に理想を一歩一歩高めていかねばならない。

　産業界の現状は、生産量が販売量を上回っているということであり、このことは資本主義経済の常である。従って景気好況→景気後退→景気鍋底→景気上昇→景気好況パターンをたどり、景気後退から景気上昇に至る間に弱小企業は倒産に追い込まれる。それを避けるには企業の収益性、安全性、成長性において同業のNo.1になっていなければ安心はできない。つまり、従業員一人当たり付加価値生産性において業界No.1となることであり、故に経営者は常に超合理化、超技術革新の理想を掲げて業界のNo.1を目指して努力しなければならない。

　クラウディッツは次のごとく言っている。
「地位の進むにしたがって無能になる者は少なくない。地位と共に知力は進まない。上級指揮官になると共に決断力を失うものである。恐ろしさが分かるようになるから。最高の地位にあって胆力がある将師は少ない。危険と責任感は、名将の判断力を活発にするが、凡将の判断力をだめにする。天災と言われる将師の真の価値は人目を引く名作戦にはない。目的を達するか否かにある。戦法は、時代の産物である。時代が変わっているのに今までの戦法に支配されていては負けるのは当然。数々の優勢ということは勝利の諸要件のうちの一つにすぎない。」
　企業の大小に余り拘らないことを説いている。

統帥綱領

　統帥の中心であって原動力たるものは実に将師にして、古来の勝敗は、その軍隊よりもむしろ将師に負うところ大。将師の責任はあらゆる状況を制して戦勝を獲得するにある。故に、将師に欠くべからざるものは将師たる責任感と戦勝に対する信念にして、この責任感と信念とはその人の性格と不断の研鑽修養とにより生ずる。

　将師に具備すべき資質としては、堅確強烈なる意志及びその実行力を第一とし、至誠高邁(しせいこうまい)の品性、全責任を担当する勇気、熱慮ある大胆、先見洞察の機眼、人を見る明識、他より優越しありとの自信、非凡なる戦略的識見、卓越せる創造力並びに適切なる綜合力を欠くべからざるものとする。

陸軍士官学校戦史教程

　実戦における成功は、指揮官の学識によるのではない。大切なのは指揮官の能力である。能力の根源は人格である。学識は能力の一要素にすぎない。

　どれをとって見ても厳しいの一言に尽きる。常時、敵と対峙している経営者には不可欠の名言と言えよう。

21.　最後に最高経営者にとって大切なことは、いつ罷(や)めるかということである。多くの人から後ろ指を指されていても気がつかないという鈍感さでは、もともと最高経営者たる器ではなかったことを立証しているようなものである。苟しくも罷めるよう求められるようでは、なおさらと(いや)いわなければなら

ない。

　最高経営者は、経営者として最高に働き、企業の業績が向上し、最高の状態になることが自他ともに認められるような時期に罷めるのが通常の罷め方である。このような罷め方をすれば、後継者は前任者に負けられないと斬新な能力で企業の業績の向上を図って停滞させることはなく、この繰り返しで企業の業績は向上の一途をたどることになろう。

22.　以上のことをまとめてみると、経営者に必要な要素は、人間として経営者として人格の完成ということになろう。人格とは、日々の生活のうちに培われていく意識の統一力であり、自我が全くなくなり何事をなしても法に反しない境地に至れば人格の完成ということになる。この境地においては神との冥合が考えられ、自力にプラスした力の発揮が可能となり、未だかつて出来なかったことができ、分からなかったことが分かってくると言われている。

当時追加した経営手法

昭和33年10月
- ○　原価計算取扱説明書作成、個別原価計算実施計画
- ○　工程管理の実施、手順計画、現場管理、追加受注管理、進捗管理、各種機械設備生産能力算定公式の作成。

昭和34年1月
- ○　提案制度制定

企業分析

倒産企業の分析……昭和34年1月

1. 経営者の不在。生産、販売、経理を時の経済情勢に対応して調整させることをしなかった。
2. 高原景気継続を予想して環境変化を無視した。景気はどんな時代にも波のあることは構造上（資本主義経済）避けられない。
3. 需要増に対し安易に設備拡張をもって対応した。永続しない景気である以上種々の手立てのあることを考えての上のことでなければ経営は成立しない。
4. 機械や設備の稼働時間1日8時間、従業員の勤務時間1日8時間ということで、機械も設備も人も増加させた。常に1日は24時間あるという考えを持つべきであった。
5. 諸経営資料が整備されていないので経営の羅針盤となるべき経営諸統計が作られていなかった。
6. 高値で購入した原材料が受注の急変のため異状在庫となった。思惑買いはいつの時代にも慎まねばならない。
7. 設備が完成したとたんに受注が減少した。投資すべき時期、投資の回収機関、適正規模との関係、受注先との見通し、景気の動向等を考え、無謀な投資は慎まねばならない。
8. 損益分岐点が最高売上高（操業度）の何％のところにあるかを考えていなかった。
   操業度の40％〜50％…良好、さらに販売促進に努力
   操業度の60％〜70％…販売努力と変動費節減努力
   操業度の80％以上………固定費（人員）低減努力

業態によって差異があるので自己企業について常に目安を立てておくこと。

9. 支払主義を発生主義に替え、帳票整備、人員整理（間接を直接へ配転）のための企画組織の刷新、機械や設備の整備、棚卸在庫の圧縮、予算統制、毎月の実績検討会を翌月5日までに開き、アクションを起こす、企業の置かれている実状や国内外の実状は必要に応じリーダー以上に知らせる等が必要であった（今様リストラの実施のことである）。

10. 経営者の率先無範の不十分な企業。品質の劣悪な企業は、いつの時代にも生き残れない。以上に関連して大事なこと。

1. 売上高と金利手形割引料を調べる。
　　売上100に対し、金利手形割引料
2. 棚卸資材を処分する。
　① 原料、仕掛かり、半製品を縮小する。全てをスピーディにやる。
　② 金の出て行くところをおさえる。
　交際費…売上の1〜0.6％、大企業で1.7％
　二次会や係員の勝手なものは払わない。料亭の指定。
3. 資本の不足。
　取引が終わっても経営のやり方は変えられない。経営者の頭の切り替えができない。空気作りに失敗等は倒産する。
4. 資産の捻出には固定的なものに手をつける。土地、建物、人員整理
5. 注文が増えた場合。
　① 設備を増やさず、残業をする。

②　臨時工を雇う。
③　下請けを考える。
④　三交代制を考える。
⑤　輪番休暇制を考える。

6. 設備増強の時期……増設即ち不況では危険

　　最も不況なときにやれ。設備は何年で元を取るか、機械は10年以上持つとして、大企業で5年、中小企業で3年で元を取らねば危ない。

7. 設備資金は自己資金、または国家からの長期借入金による。
8. 他人資本／自己資本……3〜5倍、10倍以上は倒産
9. 売掛金のコゲ付き……気がついてからではとれない。日頃から準備すること。

・警戒 = $\dfrac{回収額}{前月売掛＋当月売上}$ ＞ 回収率

　　回収率を決めておく

・コゲ付きは販売の手から経理の手へ移る。販売計画と実績のズレを調査する。信用調査3カ月に1回。
　回りの手形を取ること……友好のある場合。

10. 企業の系列化を考える。
　　①　衰頽(すいたい)産業……繊維、海運、私鉄
　　②　発展または発展を考えられるもの。
　　　　幼少年期……原子力、カラー産業
　　　　青年期……自動車、建築、セメント
　　　　壮年期……ゴム、印刷

　　時代とともに変わっていくと思われるので多角経営が必要となる。多種業界、異種業界と結び付く。月の需要100億円

以上のものと結び付け。年々成長の業界と結び付け。
11. 俊敏な機動力があるか。
    俊敏な総合活動ができるか。
    経理、販売、生産のバランスが良いか。好況のときはこの3本脚を拡げ、不況のときはすぼめる。経営者の経営経験は十分か。
12. オートメーションできないもの…経営、販売業、技術活動
13. 昇給率、経済成長率、よく調整研究が必要
    月1回以上の役員会の開催は必要。旅費規程の制定。米国の経営者は「ひょっとしたら」潰れるかもしれないと考えているが、日本の経営者は何とかなると考えている。
14. 税務対象を真剣に考え、経費に落とせるものは極力とし、固定資産の増加を最小限にすべきである。
15. 経営には何とかなるは、ありません。

用 語 索 引

あ
恨みは根深い …………………………………………… 169
（対日感情）

MP（military police）アメリカ陸軍の憲兵 …………… 12

煙管掃除（えんかんそうじ） …………………………………………………… 126
（火室内の煙管の掃除）

応急手当 …………………………………………………… 126
（機関車の単機運転）

か
貝の家族（かいかぞく） …………………………………………………… 45
（直系家族の他に傍系家族までも含む親戚）

海兵（かいへい） …………………………………………………… 16
（海軍兵学校の略語）

火室（かしつ） …………………………………………………… 125
（蒸気機関車の石炭を燃やすところ）

貨車4輌による臨時列車 ………………………………… 153
（引き揚げ列車）

関釜連絡船（かんぷれんらくせん） …………………………………………………… 25
（釜山・下関間の連絡船）

キーセン ………………………………………………… 134
（韓国の妓生（きしょう）。諸外国からの使者や高官を歓迎する女性）

機関区警備隊 …………………………………………… 151
（職業軍人のこの有様）

企業分析（倒産企業） …………………………………… 183

奇跡はあった …………………………………………… 167
（「日本は南」リヒャルト・ゾルゲ　ドイツ人）
ソビエト連邦のスパイ、日本で諜報活動（対ソ戦等）

訓練と内務 ……………………………………………… 81
（乗馬訓練）

経営者像 ……………………………………………… 175
（経営者として人間としての経験）

経営について ………………………………………… 170
（経営学）

京城府（けいじょうふ） …………………………………………… 14
（かつての朝鮮王朝の首都で漢城府、現在はソウル特別市。日本統治時代は京城府）

権限（けんげん） ……………………………………………… 178
（権限は移転できるが、責任は移転できない）

興安丸（こうあんまる） …………………………………………… 26
（釜山・下関間の連絡船）

好意と非好意 ………………………………………… 59
（あだ名は馬鹿野郎先生）

国民党の圧政 ………………………………………… 170
（少数支配の圧政）

極寒のシベリアに眠る友よ ………………………… 164
（外套が唯一の防寒具）

これからの時代 ……………………………………… 28
（希望に満ちた平和の時代）

混乱の中の私の責任 ………………………………… 152
（9月に入ると一切の仕事はなくなった）

さ　再度入隊 …………………………………………… 93
（陸軍少尉任官）

左義長 ………………………………………………… 41
（1月14日子供主催）

仕事始め ……………………………………………… 40
（子供の仕事始め）

市民への代償 ………………………………………… 130
（豚汁と映画会）

人命救助 ……………………………………………… 54

清涼里（せいりょうり） …………………………………………… 21、22
（現在はソウル特別市）

清涼里機関区（従業員1200名）……………………………… 12、148、150

た 単機 ……………………………………………………………… 126
（炭水車をつけ機関車が1車輌で走る）

父の病気 …………………………………………………………… 73
（1925年　大正14年1月16日）

朝鮮人益済寮 …………………………………………………… 129
（東馬山に朝鮮人の高級な別荘を朝鮮人の独身寮のため購入した。朝鮮人が驚いた）

朝鮮人乗務員組織というインフォーマルな組織 ………… 134
（正規の組織にありながら、インフォーマルな組織がある）

朝鮮総督府 ………………………………………………………… 74
（1910年〈明治43年〉朝鮮を統治するため日本政府が作った最高機関。京城府）

朝鮮総督府鉄道局 ……………………………………………… 74
（1925年　大正14年独立）

津田越前守助広 ……………………………………………… 13、160
（返してもらえるものなら返してもらいたい。美術品と思う）

妻の驚き …………………………………………………………… 127
（妻は31歳）

帝国議会 …………………………………………………………… 109
（予算書を作成し提出した）

鉄道機関区 ………………………………………………………… 14
（機関区長の下に動力車の点検、整備、運転、保守、運用をまとめて行う現場）

な 内鮮融和 ……………………………………………………… 20、27
（内は内地人で日本人のこと、鮮は朝鮮人。日鮮との融和は国是でもあった）
（区長は内鮮融和を実現した。立派な人だと朝鮮人機関助手以上の職員の集会で認められた）

尼港事件 …………………………………………………………… 54
（アムール河の河口ニコライエフスク〔尼港〕では1920年〈大正9年〉日本軍がシベリアへ行っている間にパルチザン（非正規軍）が日本軍守備隊や居留民等に対し放火、略奪、強盗、虐殺の限りを尽くした。日本兵捕虜も虐殺された）

日韓・日朝関係 ………………………………………………… 167
（心が痛む）

189

日ソ中立条約 162
（1945年〈昭和20年〉ソ連は日ソ中立条約を一方的に破り、日本に参戦して来た。当時、力のある国が相手から奪うことは常にどの国にもあったと十分に考えられる）

入隊 79
（幹部候補生）

は

初訓示 122

① 毎朝7時までに区長は出勤する。皆も30分早く出て欲しい。期間は半年。
② 前日の実績分析し、当日の方針決定。
③ それを全員へ伝達。
④ 7時30分より幹部会。
⑤ 作業終了後報告書を提出。
⑥ 上方的価値にないものは、全て省略せよ、工夫せよ。
⑦ 従うのが不満な従業員は外す。
⑧ 面従腹背は許さず。
⑨ 単位時間当りの仕事をこれまでの2倍以上にしてもらう。
⑩ 期間を定める。
⑪ 私には自信があるから信じてついてきて欲しい。
⑫ 検査係全員、火室に入れ、灰で詰まった煙管を確認させた。
⑬ 緊急資材調達。機関車1台単機運転。
⑭ 教養助役は片端から煙管検査査実施。
⑮ 妻の驚き。機関区幹部の妻達に6か月間頑張ろうと訴えた。
⑯ 煙管が修理され汽車が安定して走行。乗車が楽しくなった。
⑰ 再建ができた。表彰、金一風で機関区員及びその家族に豚汁、市民全員に映画会を開催した。

母の死 72
（1923年　大正12年8月27日）

平壌 .... 31、100、101
（朝鮮民主主義人民共和国の首都ピョンヤン。日本統治時代は平壌府）

米兵二人につかまる 157
（夜の9時頃）

ヒラメキ .... 171、174
（一心不乱になればヒラメク）

190

プランジャーポンプ ……………………………………………… 118
(機関車動輪を水圧で上下させる。皆感嘆！)

古池（人命救助）………………………………………………… 56

暴虎 氷河 ………………………………………………………… 87
(夜間の偵察)

菩薩（仏に次ぐ地位や徳の高い修行者を言う）……………… 147

ま 前原医院買収 …………………………………………………… 140
(大変お世話になった)

馬山機関区（従業員800名）………………… 11、22、120、121、131

祭 ………………………………………………………………… 41
(年2回の祭の様子、獅子舞の種類等)

㊂の威力 ………………………………………………………… 145
(金融3団体の証明)

満鉄 ……………………………………………………………… 69
(南満州鉄道の略　1906年設立)

満州 ……………………………………………………………… 162
(満州→地名　満洲→民族の名称)

満州へ侵入 ……………………………………………………… 162
(ソ連軍1945年〈昭和20年〉8月9日満州へ侵入)

満蒙 ……………………………………………………… 162、167
(元満州及び内蒙古の略)

ら 落花巌 …………………………………………………………… 132
(女官が身を投げた)

陸士 ……………………………………………………………… 16
(陸軍士官学校の略)

竜山 ……………………………………………………… 12、153
(今はソウル特別市)

列車数の査定 …………………………………………………… 110
(10年間)

盧溝橋事件 ……………………………………………………… 103
(ろこうきょうじけん)
(1937年〈昭和12年〉中国郊外の盧溝橋で演習中の日本軍と中国との衝突により全面戦争状態に発展した)

ロシア、ソ連の非友好 ……………………………………… 162
(徹頭徹尾非友好的な国)

わ 私のノルマ ……………………………………………………… 46
(私の家)

小山　助市　　主な経歴（1908〜1998）

明治41年6月	石川県鹿島郡鳥屋町（現在中能登町）生
大正15年3月	朝鮮総督府鉄道従事員養成所運転科卒業
昭和11年3月	東京鉄道局教習所専門部機械科委託聴講終了
	微分、積分、高等代数、高等物理、解析、動水力学、英語を学ぶ
大正15年4月	龍山機関区　機関方
昭和3年8月	兵隊検査甲種合格
昭和7年3月	陸軍輜重兵（しちょうへい）少尉
昭和7年4月	正八位
昭和17年11月	釜山地方鉄道局　運転部車両課　勤務
昭和19年2月	馬山機関区長（37歳の時）
	（当時、交通局の機関区長は50歳前後が普通とされていた）
昭和20年7月	清凉里機関区長
昭和20年8月	終戦
昭和20年11月	逐次内地人を帰国させ、いちばん最後に主席運転助役と2人で帰国した。

賞　罰

昭和15年4月	支那事変の功により、勲八等賜う

戦　後

七尾産業(株)	取締役工場長
北国繊維工業(株)	専務取締役
昭和48年10月	米国繊維事情調査団に参加し、訪米

実録 太平洋戦争下の朝鮮鉄道機関区
「内鮮融和は国是である──日本と朝鮮──」
歴史に学ぶ

2019年9月1日　第1刷発行

著　者　　小山 助市
編著者　　小山 正志
挿　絵　　小山 秋子
発行所　　コヤマ経営ブックス
　　　　　〒929-1105 石川県かほく市横山リ2番地15
　　　　　TEL 076-285-0828
　　　　　FAX 076-285-1966
　　　　　E-mail koyamata@po3.nsknet.or.jp
発売所　　能登印刷出版部
　　　　　〒920-0855 石川県金沢市武蔵町7番10号
　　　　　TEL 076-222-4595
　　　　　FAX 076-233-2559
印刷・製本　能登印刷株式会社

Ⓒ Tadashi KOYAMA 2019, Printed in Japan
ISBN978-4-89010-754-4 C0021

本書の一部あるいは全部を無断で複写・複製（コピー、スキャン、デジタル化等）・転載することは、著作権法上での例外を除き禁じられています。本書を代行業者等の第三者に依頼してスキャンやデジタル化することは、たとえ個人や家庭内での利用であっても著作権法上一切認められておりません。定価はカバーに表示してあります。落丁本・乱丁本は小社にてお取り替えいたします。

挿し絵注文書

令和　年　月　日　注文

A4カラーコピーで郵送します。

挿し絵　小山　秋子

番号	絵の内容	頁
①	カラーのカバー表　列車１　（表１）	表紙
②	カラーのカバー裏　列車２　（表４）	裏表紙
③	馬山での氷上そり	15頁
④	丸太運び	17頁
⑤	別れを惜しむ	22頁
⑥	興安丸での引揚げ	26頁

※　ご希望の「挿し絵」番号をご記入ください。１点に限ります。

この用紙と送料分の切手２００円を同封して下記へお申し込みください。

送り先

〒929-1105 石川県かほく市横山リ２番地１５

コヤマ経営内　小山　秋子　宛　TEL076-285-0828

サインをしてお送りします。　　　FAX076-285-1966

ご住所	〒　　　　　　TEL	
ご氏名	（ふりがな）	

《本文を読みながら挿し絵をお楽しみください》

申込期限：令和３年末まで有効

（きりとりせん）